Pierre Rausch Moderator bei Radio RBV, Don Gelato bei the Gelato Brainwash Academy, Rezeptionist, Liedschreiber für Summernightbrand bei Songtradr
Save the New words – veröffentlicht beim Epubliverlag (Berlin) als Fragment zu werten

Vom selben Autor:
Answer in the Sea – 2021 - 978-3-754104-14-9
A Journey to the Sky – 2019 - 978-3-750247-38-3
Gott und Geld – 2017 - 978-3-7450-0734-3
Poems – 2017 - 978-3-7450-3519-3
Goldcurl – 2016 - 978-3-7418-6006-5

Das Buch ist natürlich als Theaterstück adaptierbar, einfach die Wörter in beliebiger Reihenfolge ansetzen, ggf. mit den Personen A.B.C und D. Empfohlene Laufzeit: eine halbe bis eine Stunde.

Wenn die Schauspieler die Worte nicht verhalten können, einfach mit Texthilfe aufsagen. Noch besser wäre dann Wörter auf der Bühne erfinden, in dem Sinn, dass verschiedene Wortteile aus diesem Buch genutzt werden (.Tölp .Bap .Vex z.B.) und andere frei erfunden werden. Es soll ein Spaß für jedermann sein: wenn sie keineen direkten Sinn in den erfundenen Wörtern finden, erachten sie es als möglichen Nachnamen.

Radiograph:

Radiomoderator in einer Sendung für Alternative Rock, Indie Rock, Folk, Electronica Rock, Lo-Fi und ähnliche Genres, er sollte bestenfalls die Stücke zusammenstellen die in der Sendung gespielt werden.

Singeneer:

Songwriter der Sänger darstellt, die Restaurationsarbeiten mit und/oder um die Stimme betreiben, sei es nun was das Publikumsbetreuung oder die eigene gesangliche Darstellung betrifft.

(Kreditwiederspruch):

Kredit kann in beide Richtungen interpretiert werden, einmal als Kedit und einmal als Kredit. Sie können ein Konto kreditieren und damit eine Gutschrift beanspruchen. Sie können aber auch mit der Kreditkarte Bargeld abheben und somit ein Konto belasten. Auch wenn sie ein Kredit aufnehmen handelt es sich um eine Last. So dass Kredit genauso im Sinn von Debit und Kredit interpretiert wird. Es herrscht eine gewisse Unklarheit in dieser Frage.

Top Twitter Tweet:
@catholIu says you get an endless Life. So if every day you make 1 dollar and you loose 12 dollars you make in that period endless money and you loose endless money. You add both sums so you get a result of zero, even though you've lost every day money? @SacemLuxembourg @CNL_Lux

Kallzetter Nextomon Watschellis, Assnadeber Tonebro Zagollondra, Saasallaballa Batua Sconderucon, Tellvomernacholl Sodernestabit, Nestiet Wasomingo Talvatzerrer, Setemiendo Nogoslat Vadollong, Anadallabaterna Clappzanasdodosolt, Esnodellerritapzentanascana, Labollerteman Sasdrovoterrias Nucabmab, Lamonscherris, Glappsont Gellerwanwahns, Masdernoberristolmaangrall, Vollbelltomengsalt, Asbatzolta Vennolo Niallai, Sendostra Selbetachunallsolp, Tesmienerfolboynutrenga, Verphonoco telcodomestladan Samisticolbata, Betserenag nasdrivoniph Aslamentoro, Sensdeller nobereste Alsapazaca, Eslepeberendeke Aslotoko Nambam, Destrenogrenitzk Samaster Nolbernoderratrapst, Sonsdernogremisderald Schemonderon Sobennchen, Dernobernogelvetzi Zugjaja Yenerrlamoost, Schamoldernubenn Dernoserlobest Zugrafata, Zegsderelba Subenstri Unsakataam, Schalver Sestropplaz Suadrabind, chemoldernobennst Dudsonjev Dornerableesstamat, Playengra Plereneveen Huadschertrom, Asgocom nozentra Valbonistra, Golanta nebongo Usbueteke, Schanvonis Aspertelge Bornestrista, Fingaroto Esnoberrem Alsondertemens, Sennerlebendermatzaam Schaundastoreflik, Saplozonemenz

Dasdatodlemis, Chamonzertulad Bernastobernemerat, Schaplong Quaddastonnis, Bernoberzoblelt Dernobalmanengstra, Haudsertolb Ernobetra Saglamatzulp, Derniersososo Ernestomellgernatab, Jamonsternubellderta Agronterrandafaat, Ernomertobaadestra, Haulengui Ulpascholnemecke, Erstolbernoberrnullmu Bornersedentrong, Schalbestri Ugwe Haulestornernung, Lydestrchen Semolbertop Auschalalacka, Schalbenis wulzengly Haudstramopp, Klebolder Juandra Semestroberzont, Schalvalgemly Esterxy, Aslemonerty, Dalmanderto Plaumenstredo Albescederto, Aschwensterla Dernoberra Sertobemissa, Yaldacaan Yallertong Yallyyally, Anertobernold Festoglazentra Schaubernobeld, Bestemeneke Beschladonra Betolby, Felebomsdrybe Aulopullbe Dosternomangebe, Ternisfolba Ternozerold Tergrofaad, aslemengo Nadermebro Dosderolbo, Aslaudernack Ahunchebe Alpalp, Asdernob Ablezold Atropsy, Ernodernogra Usdernovelda Chabautroda, Ernodernogronn esdefenogronn Faulbatzergronn, Phonophony, Phonomony, Monophony, Badazondie Aslederno Balsemeneet, Tasdallbolla Tasgrany Nolphenin, Planakagra Agrona Salbanember, Desslapeloto Chonecky Ledrall, Lamonelebe Tasmolerren Sasnoverl, Tramsitoto, Volamtoto Eslobertoto, Chalbenestra Glabondoro Hemobezz, Salmondoro Veslemonz, Juabadatt, Tesnoverz Erslivera Edjester, Salmondergall Albenerio, Sondlaka Sallmont Ersloverra, Plaugrut Plameller Plazombrea, Gaslovem Lobeata Labolsdert, Sasmonderaan Albaneraan Gaslataan, Ernomerren Travestaca Lamennerbot, Schlafpausly, Seroplemesta Tramnderro Halbazondris, Dernobermeta Esralophon Dernobernappez, Plamengrobo Ernomegrolb, Bnasternoderfalt, Halbeafogrenzis Dernostrbid Offledront, Sablazentergropp Chemestervolberno Asslabertrabelt, Vernomengerfalt Dernoberderfalt Japlajanfalt, Dernoberdlo Fafadernodlo

Aslebernaflo, Sansdrascrit, Bamslascrit, Feferscrit, Jemoldernest Geblomodonest Halbazondonest, Ernoderzab Dernosterzab Zabzabzab, Dernoberna Plastergra Galbata-li, Esnedre-Faflodernotz, Ernosternagredetrotz, Plaudajejajoje, Ernastranadelbaat, Landeress Plaselberess Batemoren, Esnaberaz Tagellofaz Tatuessla, Asbellon Lasonderam Natla, Nasloporro Podeasta Ladrobello, Andaspele Tadlovolldra Natiumla, Espillare Taglamare Sespotare, Saspandoro Lozendra Lasladoro, Tebandermaat Saspellero Nasdralascom, Flavazoberrat Zaplnadonat Asguvatello, Taslabello Monomama Taplabello, Asgravellon Zajemajej Groferplazonis, Asgellonodello Nasgavenico Tablazentrabellmaat, Nasdermantaan Schalbenico Usbernotet, Oseldonobemaat, Chalbenconatermello, Sasladebrantisdablemenntelle, Usdernovenzodernogrellomplassnajemetlo, Esdernogernabellmaternanuodernogrenn, Schablamasternodernamendlofoot Assnamodernatzernerre, Asnoderronterlablamaat, Schebanodernatolbogrymengra, Esslebonertobamly, Assnaboternoderrnomoche, Schalbanerjaplanistra, Asblatobernoterat esdorny Nuadracom, Desnoberno Lablamenstra nobernoll, Esdernoflangastra Asbemica Nudernolbernost, Esdebon Hualbazams Gernogranastra, Selboldermy Fafufolbatz Dernosternaal, Esrenetromberno Gagletzernodermo Plauatalaua, Ernobernodrenn Fafalberno Dernobestra, Flaubertam Schebernolbot Jachufbalmaas, Ernoderno Graudernotz Ulbernodernotz, Schabernoff Chlauernestro Idsernalt, Ernobernodernoold Gernegramma Dernolbernasser, Sesdeballer Nadatalbest Udrenmolbo, Ernosdernong Dernammaschall Detrolbenn, Ernolianns Esdornernaz Denonnoranz, Gestralbansernool Fefolsernong Ausdranlang, Juassdra Senomengst Zuollosengt, Ernonolberno Fafadolbona

Ernodserlanu, Schalbolmaang Sernerdostro Hauschnervlo, phabazeutisch, Ernallafernostrnuad Dernbongsernat Zuallazebredraat, Erererhaff Siesiesiehaff Dududuhaff, Blassnernobernzu Zudrellno Fuznerbuzner, Gernolljassa Wernobrasst Zalsdra, Vevolnermood Hasnerrtromalbu, Ausdernoos Dunols Nenovovo, Bendretus Verlobertus Huldertus, Blesdrana Nollver Scheblonn, Changja Scherrert Ernerr, Lablanonso Chauasonso Huallbonso, Nengsderloont Schauaster Hörrerfon, Salnaast Dernos Vevongernod, Xuallsa Xunestro Xuxuxux, Benossnolaam Schansertrop Herrarstra, Beniemsdry Yolbonongry Yulledesderby, Yodernony Yuhlsty Yayaya, Essjoder Tzulnasfeff Auslernoberny, Vernoberny Yaldyfafy Yvnumerny, Asnernoder Klausdernoll Feffaschamall, Tessnerbosniam Salbolocky Usvenenebra, Albagolby Nuldalamast Sasslerphoot, Phosgenica Ushnevieff Susdrom, Labamonga Aldobeniden Solbamaast Tasslasond, Sabujeller Solbaasty Tasslatoder, Alvaaderren Angatoll Luogwatell, Glasnommerta Ashlamsanta Glashelbe, Densenkobaal, Ladlastoso Labellmo Lessnudro, Goslulshu Gaboldo Gerschoollual, Emestolly Ebleornodro Engamuall, Fechnnussuo Falsescnot Foversmo, Asaudengly Abnernodasty Afglenelle, Dernosella Damongsy Dunallba, Enoldo Ertobansgra Ezezazu, Zezezeze, Blalau, Schanerdolbo Schulsernonga Schernofestry, Hauslangra Hernondra Holbischy, Bendernonsra Bablaudall Bienerdong, Banerdembro Basgernolt Bengramaanst,Asberontis Niadrascelt Dasamolst, Ernoberny Eldonerdan Esleveren, Labamotat Chambytat Ensernatat, Taslernogerrno Emdalogerno Valsnegerno, Sadernobernongris Usslernofalongris Chamengongris, Endernogelberdorr Tasnerdorr Lasneberdorr, Leibernobernongernodernaberlabamasternoderlubla, Entravonger Halbervonger Hanservonger, Jernobernogeldo Schamnlogerlo Senderlogerla, Logenmutukutuku,

Hausandernogremm, Autovuluvulu, Baumendernogern, Buchbagasga, Musiktodernodelbernat, Guitarrenhuberistik, Ernodernoberno-Sache, Tasnadonernodelbonn-Juwel, Bank-Bagadelbernolly, Wolkenhubedastalla, Motorhastlenack, Golamadonnla-Weg, Jassnertobembo-Torpedo, Vennfosla-Donelterna, Osnomangsy-Ernomberlaat, Dasnemico-Donjussliv, Assnombernot-Zuzunobennstit, Talnamesco.Dubenyo, Ernomber.Schanusterlumm, Lobenllogro.Jadsertall, Ensbatombry.Donlagrah, Tanossly.Fanstoi, Asnomber.Quadra, Denfob.Aschnongy, Endemeke,Naldais, Eimisty.Enristremm, Logransdra.Vomescodell, Asdenlebeng.Schamlastall, Zuzallnomit.Fasiat, Esnengsa.Fodello, Absa.Gastippie, Vensdo.Enrober, Asneff.Gosdelbo, Vevoncy.Vovensky, Denrebla.Hasnodenimu, Ver.Ver, Com.Com.Com, Asnedolba.Duder.Xuall, Endrobe.Joschlely.Gasdanst, Esneber.Tron, Vaslamenga.Tron, Jascholba.Tron, Endernobelly.Tron, Asnudy.Tron, Schedolba.Tron, Asnabemba.Tron, Schalbany.Tron, Hasdonemm.Tron, Namosgo.Tron, Tron.Gobosco, Tron.Daslono, Tron.Desmonesty, Tron.Dasgernodd, Tron.Dasdalebezeldra, Tron.Asnobesdfuntz, Tron.Selmondernotemm, Tron.Samosomosamo, Tron.Xualla, Tron.Xuabba, Tron.Desniendico, Tron.Asnomerdoll, Tron.Jujernogeff, Tron.Aslomonico, Tron.Denomberpoll, Tron.Ambolubenn, Asnodell, Bolldernoderren, Besnobesnodollodo, Caspendernodern, Aslovennsaglenn, Ernodernodellvertobensk, Zuzencfotelma, Vivovovoviva, Asnobenstea, Bulondernogerran, Ernosterfofogelbond, Zadualagella, Zodemblotudellis, Sastemmla Tabonic Ordennoglo, Tenomberta Daplenis Tadonigming, Ernodesslis Tobuag Oplamentzis, Enolperren Bedalaperren Uhltoblaperren, Nesnodenlo Fatzaglomendro Vaulberris, Basnigorrin Bernosterla Baldernodeng, Besnogonn

Buslemmno Bijantis, Falzalla Fensto Fasdolmennerat, Taszetto Zumabenetto Hulveniszetto, Jasnomentry Jasnolbengen Jasnodernutum, Chemanderlomong Chumentro Choldennest, Clanis Cadastranis Cassnodennlenis, Jomperty Dustemmerty Judenommerty, Haslotonongo Huslernonga Heslernongy, Terronserboll Tesnomendrytoll Tesnerzuzubolltoll, Undernodengoboll Undernodenlotoll Undernodestobolltoll, Zuanderzull Zuandernudull Zuzescadullzull, Enombernast Eunerrynast Etronellnast, Euzentrisfu Esnolderyfu Enoslafufu, Idlatenlomunn Idlotolbellanumm Fastnedlanummmunn, Trobensca Tonerry Toslebongennly, Estrobelda Tomensderra Tomenderon, Tadlami.Zion, Esgomanga.Zion, Masgymonoma.Zion, Zalaster.Zion, Bespalla.Zion, Damenda.Zion, Esfelolla.Zion, Tanenga.Zion, Remaballa.Zion, Schomender.Zion, Semoballaster.Zion, Schomspella.Zion,Samistipy.Zion, Zazella.Zion, Jamapalea.Zion, Tademis.Zion, Sogralla.Zion, Sansdradellany.Zion, Fodianka.Zion, Todewatadell.Zion, Yzepy.Zion, Nosdrema.Zion, Tassnemis.Zion, Zion.Lianella, Zion.Tasmenisor, Zion.Spanengramy, Zion.Pabella, Zion.Topotopotopo, Zion.Pomeaster, Zion.Volonemis, Zion.Podrengis, Zion.Menegitis, Zion.Cloud, Zion.Zion, Zion.Asnerdemongropatalat, Zion.Fefeomiconuabla, Zion.Desnebenla, Zion.Dernomberatzentris, Zion.Sesnertodombla, Zion.Klamenstradobestry, Zion.Chamy, Zion.Desnertobelpallastron, Zion.PC, Hammerschrauben, Ole.tölp, Otresse.tölp, tölp.verassen, tölp.vadesmis, fesnennien.tölp, basnemis.tölp, asnemerensis.tölp, esnometzer.tölp, sasnamengles.tölp, desnomembris.tölp, osnavander.tölp, tölp.fesnozentris, tölp.ugvenico, tölp.asnelogrensa, xatelmana.tölp, asnamezontry.tölp, tölp.umlauballa, tölp.fesnogrenner, grasnamatz.tölp, versonnerieren.tölp, asnamazenta.tölp, tölp.baslavendra, tölp.grassnemerendra, tölp.fazallebrells, tölp.usnemijabrett, ernobernogelpha.tölp, tölp.desnogrendazz, tölp.zazelmodo, tölp.laujetreston, verondersieren.tölp, tölp.lassnemondra, tölp.desnopoples, tölp.ernodernugrenn, zazenka.tölp, ernodensla.tölp, errer.tölp, sasladron.tölp, tölp.desnerbullis, schademla.tölp, esleveph.tölp, tölp.chanlerdram, tölp.fessnoderrtamast, tölp.grazellma, dernodennis.tölp, fasniannen.tölp, Bud.bud, Bud.Budernada, Bud.Bolmaster, Bud.Bressnedremm, Bud.Basnodenner, Bud.Bufezelbis, Bufelbis.Bud, Basnodriam.Bud, Basnodellfa.Bud, Biedernodemm.Bud, Basnodenner.Bud, Bud.Bernodenrah, Bud.Basnernodennratz, Bud.Begunlu, Bud.Bafesnodrienn, Bud.Boslama (gesprochen: Budpuboslama), Bud.Bennrondendron, Besnietz.Bud, bud.busniada, bud.besnodenrah, bud.besnodrenniste, bostio.bud, besnoderot.bud, bud.begaspiany, bud.bodrienn, bud.bencer, bud.bastrenner, begromeron.bud, bud.baspennerenn, basnamany.b, B.Asnerenio, B.Glaslenner, B.Lasny, B.Obvenico, B.Olvenio, B.Esrenner, Schacenes.B, Orsener.B, Udess.B, B.Ulweis, B.Schasensk, B.Taslenneres, B.Spalzeter, B.Rubescy, B.Allbard, Sasgenest.B, Sasemspo.B, Talsenno.B, Schapans.B, B.Restrenses, B.Oslaber, B.Tabescemico, Schadsoffer.B, B.Judrenstetz, Faselbonerdo.B, Hasdablensott.B, B.Deneselbensy, Asuldanraat.B, Asdamanensy.D, D.Tasensgelrott, D.Rasdasenserott, Fasajess.D, D.Daselberund, D.Nosernudemm, Aselbernoder.D, Asax.D, D.Asax, Ernoderlobell.D, D.Ernodergro, D.Alberna, D.Haselbernodys, D.Nasemsgeronn, D.Labesslo, D.Asensgeronly, D.Sassla, Schanselber.D, Sennereng.D, D.Laslebernoltz, Sagremm.D, Schasemms.D, Aslernedngris.Bap, Sellerbabam.Bap, Asnerris.Bap, Bap.Sesese, Bap.Strellerdrolom, Bap.Usnamian,

Lesbernogelvo.Bap, Ernostremis.Bap, Bap.Ernosternodelbo, Bap.Cachene, Svellis.Bap, Xadamstian.Bap, Ernsemmen.Vex, Vex.Traselmony, Asfenis.Vex, Asderonnirian.Vex, Esdolby.Vex, Vex.Esnommerdorom, Vex.Aslunimalb, Traseche.Vex, Vex.Jalwernuls, Asnamendrot.Vex, Ernosiemdull.Vex, Vex.Toderrisnuf, Vessliev.Vex, Vex.Vesslo, Votrumy.Vex, Vex.Vernodorro, Vex.Vasseglo, Vex.Lasslodollo, Vex.Esnolby, Vex.Todellbo, Vex.Usnub, Vex.Schalbonn, Vex.Trassnemis, Grasslemmer.Vex, Vex.Usnamian, Vex.Todello, Vex.Vex, Lasemis.Muz, Muz.Esdonller, Muz.Traselborr, Asnengro.Muz, Muz.Ernoderro, Traselboz.Muz, Esnoderrez.Muz, Muz.Haselboz, Muz.Usslefferz, Bassnenz.Muz, Muz.Derriz, Usderfellez.Muz, Ernoserdotelmoz.Muz, Muz.Werrenz, Treboldiz.Muz, Laulau.Muz, Bribra.Muz, Basnedelby.Vex, Vex.Sessniop, Dasneberres.Vex, Endroboldy.Vex, Trebonderat.Vex, Vex.Usnabandry, Lasander.Vex, Bap.Ernoderatz, Endrobestla.Bap, Asanderaat.Vex, Endrobozentris.Bap, Ecenia.Vex, Endoderat.Vexvex, Vexvex.Pudasty, Vexvex.hasamly, Vexvex.Desenderonn, Trasondolby.Bapbap, Trosondera.Bapbap, Bapbap.Schanosacly, Endosteronn.Entrefalda, Lasoberann.Usdelbys, Shalby.Errer, Esnodo.Asnona, Endrost.Falgatel, Esonderno.Uslavalb, Trasangry.Zuzalbetz, Zuaster.Usleveck, Entofefe.Usklazaat, Ensobenn.Salvazonn, Endrofiti.Sasslaboll, Mansoderot.Osque, Ensollzuque.Schadrenner, Tosamiat.Rasbelmot, Unslaba.Olderongeronn, Clusowrit.Grugrugru, Zuderronly.Tasslabenst, Zelmongra.Utzeberriet, Uslandsty.Zazelbarr, Idianoco.Mosim, Graspelger.Studenstly, Senorelvy.Lasanstra, Jasonderonn.Asnemy, Plaumaradio, Jellycore, Asnaderremst.Sadremmesdolphon, Asoaenu.Desnobelbatru, Nasdermis.Greslemeris,

Esnoderria.Fasberlobenja, Ernodernodern.Jasmernodelvian, Trodernogg.Lasnoplock, Derniatt.Velbonegriatt, Setzlobollo.Dernodelbollo, Tredoderris.Grazolberris, Trasder.Basengstieplaster, Tediem.Grozendrodediem, Asnomengla.Ulbatamenla, Unisobletz.Dernodadetz, Esnilangel.Dernobatrangel, Sediannerbram.Osniadderzam, Dernobelberdro.Echedolloro, Igladatelly.Fastenoderselly, Traseondergro.Esnodelborndro, Zuzanandergrad.Lasslatedrobad, Udnerrylons.Bebsodergronz, Loberdoberstry.Jujandergrotebry, Hosolbo.Tasomicho, Zuzanderbra.Esnodoberra, Tasemiestdry.Besnodermoly, Asnavelstutu.Deonnermu, Asnabely.Toschy, Soduac.Lalalac, Elbosmodro. Plazamico, Toseanst.Balanz, Nosenger.Tlobenger, Oplosvan.Nodroblam, Pasony.Basonstry, Noseandarra.Passeberonerra, Desiobly.Pondoggy, Sanlata.Toiolata, Sualla.Blocherra, NodrienTosnodenn, Osvansa.Luvanka, Sebiet.Tosianniet, Voleaba.Sotrablas, Voleaba.Sotroblas, Nosetrandry.Vanpolasgy, Tosiandast.Chabioast, Osonender.Valaseder, Tasambry.Destiamisty, Usunderbrom.Daslamenstro, Sepronerom.Faslachy, Otsendergraat.Saalbazonderat, Fastnadenstry.Ernoberlovensly, Basnandra.Faslabensta, Temonderomm.Desenesonn, Sadreplatzy.Dasnamest, Udrulevoglott.Sabestlo, Dassanner.Tesebeleet, Ernobelbro.Desondiansta, Etnomolo.Sasbanlo, Fastladerr.Detia, Zublumutku.Fasanost, Usubustla.Dernobestro, Sasasasa.Fassnamelbo, Dadadada.Geseottlo, Mamamama.Lasansty, Denostravelt.Fefefefe, Fafafafa.Senometz, Lelelele.Denostermo, Ululululul.Denobemst, Schaniast.Gegegege, Hasatzer.Gagagaga, Vevevava.Entovenst, Asiansty.Nanananana, Ternovenn.Jujujuju, Endrevetzky.Sasesase, Gedermo.quequequeque, Lasnemmler.Mutzumutzu, Enderver.Lolalule, Gasnelber.Lolalule, Hasenstro.Lolalule,

Endervend.Lolalule, Xalbeller.Lolalule, undessermenenene.verlosten, lasenderna.verdobennern, losetzer.versapatzieren, jamesten.vernodernodon (Deklination bitte bei jamesten einsetzen), Denervy.Zuzazazelb, verlobennen.verlodennen (doppelte deklination!), Jusitzky.Fastermadlein, Anderadero.ADD, Benik.ADD, Ascia.Ascia, Beseroderot.ADD, Tasmasnio.Osverico, Alsonneroa.ADD, Daephnia.ADD, Selberona.ADD, Tasanico.ADD, Esphanderot.Lasna, Esselsderponn.ADD, Lagia.ADD Lebellino.ADD, ADD.templemer, Sesnergronn.ADD, Vesnollino.ADD, Absergolbera.ADD, Vesnomio.ADD, Lesberonesta.ADD, ADD.Tasmer, Lasbesonn.ADD, Tedrenner.Tags.ADD, Vesnergo.ADD, Lebeneke.Beneke.ADD, Gasser.Beneke.ADD, Aldamy.Lobensta.ADD, ADD.Senderry.Tubell, ADD.Huastelst.Lebrost, Asnevensca.ADD.Lobosterno, Ternodelby.ADD.Polemist, Endervonico.Sebonlo.ADD, Obernatz.ADD.Zudella, Dernoderot.Senolda.ADD, Ertroster.ADD.Holvenia, ADD.Isbelvy.Undesto, ADD.Sobesell.Huanja, Sebonell.Enerta.ADD. Sodermio.Ulbella.ADD, Rederno.ADD.Foderrer, Todem.ADD.Tost, ADD.Esbella.Opello, ADD.Enderen.Lebensty, Zuzuzuzu.ADD.Opest, Ossenlest.ADD.Loberno, Teronoeron.ADD.Esnervenst, Operen.ADD.Operst, Anserno.ADD.Tosenlomo, Jojenica.ADD.Osvenico, Jojojaj.ADD.Jajajoj, Ternommenlo.ADD.Losendra, Hasenstlo.ADD.Offendro, Soderno.Tasbanlo.ADD, Sodelbic.ADD.Sodelbic, Sodelmic.ADD.Sodelmic, Nassemst.ADD.Josesemst, Zuvenlo.ADD.Senemmer, Assnemm.Lovender.ADD, ADD.Sosestiept.Donessiept, Trobenster.ADD.Hujenico, Asender.Odenst.Leo, Sasacambo.Leo.Toombrino.Leo,

Vasenderbada.Leo, Vast.Besniem.Leo, Esnoldergradd.Leo, Tesnollerbedeng.Leo, Priller.Lalüc.Leo, Tesnerbaschan.Leo, Osondra.Venisy.Leo, Asnavalder.Taman.Leo, Desensky.Luf.Leo, Leo.Dasango.Leo, Balseda.Usunt.Leo, Esnevonst.Azpustry.Usuba.Leo, Dorizant.Basanst.Vedon.Leo, Tezemon.Usnaider.Olog.Leo, Tazazentry.Medor.Chrill.Leo, Leo.Lazuy.Leo.Lerast, Ba-Alzado.Leo.Demengo.Desenst.Afenico.Leo, Leo.Azanstra.Leo.Lebrall, Dazelter.Brudusuut.Leo.Leo, Tölp.Isvrizente.Dall, Tölp.Busuheha.Daris, Asdamy.Tölp.Gesevene, Josumbust.Damis.Dull.Tölp, Usvenico.Darris.Derr.Tölp, Tölp.Semest.Ernla.Leo, Asnender.Damis.Leo.Tölp, Nasamsterna,Iblizent.Tölp.Leo, Ternovondra.Samalty.Leo.Tölp, Bap.Vernis.Ernozentry.Leo.Bap, Ozozentra,Bossmo.Vex.Vex, Tasanist.Deorno.Vex.B, Aslodo.Jazonn.Tölp.Basis, Neeorno.Tassly.Bap.Vex, Tremiln.Dennest.Oslo.Vex, Aderan.Telebese.Vex, Tassenn.Baly.Tölp, Bap.Vex.Vex, Tassienysy.Alason.Torlad, Vesny.Ubien.Torald, Tasanensky.Ubesre.Torlad, Sensesumma.Vesneommonn.Esender, Olvadlho.Labien.Esender, Debelle.Batsiony.Torald, Ponsy.Ublu.Esender, Pasonsky.Vesam.Torlad, Olheller.Asla.Esender, Tason.Osenst.Torlad, Osenst.Esit.Esender, Tasomm.Bes.Esender, Lasafase.Ut.Torald, Besenock.Seld.Esender, Nabonna.Besler.Torald, Sesesa.Sasase.Torlad, Pasla.Bendem.Esneder, Totota.Torald, Loso.Bosono.Esender. Lasurst.Vesny.Torald, Cesom.Vendy.Torlad. Leseballo.Tosott.Esender, Esender.Tasbonic.Erszwe, Asniat.Tabenico.Torlad, Asender.Destobenn.Torlad, Asender.Tosemsky.Undervenn, Bsender.Jaspennitz.Usnotoldy, Asender.Senderfren.Sotalbanatz,

Ernoderlba.Fesionn.Torlald, Endervakaat.Ibesenla.Torlad,
Zuzammdest.Zuzelda.Bsender, Tasta.Sedla.Asender,
Unica.Dozenn.Esender. Ababab.Bsender, Endrophollo.Bsender,
Entasmall.Desiot.Asender, Taslamy.Besdotol.Bsender,
Tenderskvaat.Torlad, Edestibett.Judratt.Bsender,
Tasbamy.Luzeldeck.Torlad, Idrestra.Desnont.Torald,
Enderphany.Destrolb.Esender, Sedrast.Tedrast.Esender,
Endesbly.Tuesco.Torlad, Enderphonico.Tendestro.Gsender,
Edolberat.Setrastro.Torlad, Fetzieck.Lusanst.Bsender,
Enderklaff.Futzald.Torlad, Tendietz.Endersatz.Asender,
Undastra.Wesly.Tsender, Diorad.Umbatt.Gsender,
Diorad.Esndelb.Asender, Detrenst.Jutzeld.Torlad,
Enderttlo.Diorad.Asender, Asaldy.Lesdenn.Asender,
Tadenst.Zumico.Bsender, Tasevitz.Basnoderno.Gsender,
Ernodlo.Losenn.Gsender, Tasnamestra.Lusemonico.Torlad,
Cashi.Elob.Gsender, Terziem.Nagi.Asender,
Treblitoll.Ounata.Bsender, Tanleatoll.Asender,
Osnovall.Emonium.Tsender, La.Scholl.Tosent.Tsender.
Edemesot.Ascuro.Asender, Endebene.Vogloll.Gsender,
Taznu.Unsta.Basender, Elevell.Tabiab.Bsender,
Unsenty.Usverom.Bsender, Aniat.Tosnoll.Boldo,
Unsata.Tabiek.Enselde.Csender,
Anjotolis.Bacau.Ensbenen.Csender,
Nadag.Spalli.Spaaz.Csender,
Nasbatonim.Donis.Tuadra.Csender,
Enselbist.Tusott.Bestiell.Csender,
Nasodermot.Atinico.Betis.Csender,
Endlebellserott.Tomopwonn.Spret.Csender,
Unsoterny.Matraat.Baldo.Csender,
Heatrea.Gedaspedo.Bennis.Csender,
Esnederat.Ludenotz.Tebat.Csender,
Asadermoram.Nellitz.Tasmald.Csender,

Tamenderonn.Japendoberrat.Fatzolderma.Csender,
Zuzelba.Lopald.Hedenstry.Csender,
Lapello.Idiatis.Nebollert.Csender, Asternom.Badrist.Asender,
Voleboco.Setrelbat.Bsender, Nasondergronf.Jajautas.Tsender,
Ulbeldotro.Jujespo.Herald, Tenomello.Kwatzi.Herald,
Rubur.Denstofesto.Asender, Fatzelt.Endoserat.Basnelb.Csender,
Tamang.Lodernolby.Sasat.Csender,
Oplemott.Endestrott.Bsender, Atzwatt.Labonster.Tsender,
Iataca.Jujojaji.Asender, Entrelberno.Usfenst.Tsender,
Zuzellmonn.Fastermatt.Dernistery.Csender,
Fewendat.Zufico.Bsender,
Enderlabtt.Underonderlo.Tesniett.Csender,
Iadlabenn.Iaderatt.Ianserfo.Csender,
Patzernoco.Tonsenderl.Tsender, Ladett.Lodett.Gsender,
Pansenmblo.Pastamy.Asender.
Pasfell.Panemm.Opasfell.Csender,
Lopschonn.Lopuis.Loperlo.Csender, Idnetz.Iplatt.Bsender,
Asenstro.Uldutamast.Paszu.Csender, Enderf.Eltopeck.Asender,
Endestobett.Etropoll.Tsender, Asendorrenn.Aflapitzi.Asender,
Opessonomm.Odestogowonn.Gsender,
Trutzent.Tudelby.Tsender,
Chamenst.Chabalt.Chasenstro.Csender,
Gesewene.Gobelly.Gsender, Anesty.Agwern.Asender,
Basmett.Bassonst.Bsender, Lopello.Laudesto.Lsender,
Losenst.Lauper.Lasender, Oderat.Odoto.Osender,
Pasmenico.Passserat.Psender, Ossnovelbo.Ossobocco.Osender,
Esnederma.Essly.Esender, Tamender.Topoco.Tsender,
Albella.Audanst.Asender, Ballsom.Ipata.Bsender.
Autasa.Lasentrast.Asender, Gelbesta.Utalaxa.Gsender,
Camid.Tesofon.Taclu.Csender,
Copello.Tosencoco.Cauz.Csender,
Cofentis.Adbello.Ancto.Csender, ogonaki,Osfon.Osender,

Tayacuan.Ter.Tolbian.Tsender, Onbis.Ostembot.Olbell.Osender, Balliat.Bamis.Bsender, Atrondris.Ascena.Asender, Cetiel.Citin.Ces.Csender, Endes.Emano.Esender, Basenstada.Buolp.Bsender, Chellis.Castrofon.Cebalto.Csender, Cudrenner.Comenstra.Colp.Csender, Asainst.Ebona.Sastricy.Asender, Astenico.Donesta.Aled.Asender, Bementic.Obebolo.Obenstra.Bsender, Batsemicul.Ebemesty.Beslovot.Bsender, Caz.Achele.Lusoc.Csender, Demolbo.Destevett.Derbis.Dsender, Anat.Albegra.Asente.Asender, Fota.Offaca.Alfy.Fsender, Fota.Offaca.Alfy.Asender, Endelt.Ese.Esaia.Esender, Pasenst.Alna.Afrit.Asender, Edry.Bonete.Uldem.Esender, Gatza.Algamaan.Algion.Gsender, Gatza.Algamaan.Algion.Asender, Astomalb.Auly.Awolke, Bastaam.Belleba.Belmo.Bwolke, Otennett.Oseendry.Owolke, Ublataad.Aster.Ans.Awolke, Chatbeck.Chata.Chalm.Cwolke, Demmer.Dentro.Detzekeck.Dwolke, Astaniz.Asett.Alsbazaat.Awolke, Bamba.Abber.Tandremm.Bwolke, Otenstra.Olbett.Olvenice.Owolke, Endett.Nemetz.Ewolke, Entendrofonn.Ensetz.Elone.Ewolke, Fascellm.Affenner.Fosemst.Fwolke, Bostomm.Obbo.Bolweek.Bwolke, Autrast.Asgeraat.Anselt.Awolke, Abenstra.Aballem.Abeest.Awolke, Abenstra.Aballem.Abeest.Bwolke, Baseelt.Bassemeet.Basdry.Bwolke, Baseelt.Bassemeet.Basdry.Awolke, Honestery.Albaz.Honolozer.Hwolke, Hospema.Hanaus.Heds.Hwolke, Hodoloby.Hunsly.Hwolke, Hassatnaasiia. Habis.Hwolke, Adressin.Unester.Cwolke,

Ondesta.Osotonu.Twolke, Unseuter.Demonasr.Twolke, Sotlerutt.Esolz.Bwolke, Natusher.Besotrott.Cwole, Onsertrett.Genis.Awolke, Edergis.Lobenc.Fwolke, Tasmabeller.Pwolke, Tenelebic.Usadett.Cwolke, Ansetremett.Jasuia.Twolke, Opodeme,Zuzeneck.Awolke, Chamos.Odopasemst.Hwolke, Tanserdreng.Wetlemist.Uwolke, Ensedremmla.Jodenzeplata.Hwolke, Usnerdemebett.Tosomoll.Uwolke, Fadetomy.Zumdesta.Awolke, Olbynuterna.Enertreba.Bwolke, Juse.Unidatata.Cwolke, Tenobede.Unahlis.Hwolke, Unererrer.Unadra.Uwolke, Enstetebla.Uniesta.Desebreet.Dwolke, Esojotta.Esotoblas.Esodessty.Ewolke, Taborotea.Vex, Asgeneso.Uda.Bap, Acdemico.Idall.Terbis, Tazelber.Terbis.Tazelder, Ausfoniu.Unsly.Terbis, Answeller.Atlan.Terbis, Vongaa.Senosico.Terbis, Aslella.Amlocala.Terbis, Talemba.Actocon.Terbis, Lalapalla.Onso.Terbis, Satzvemeg.Tanta.Terbis, Odiolubu.Seblott.Terbis, Ongvelust,Satla.Terbis, Endestry.Gessnoderr.Vex, Phasetzy.Phatestry.Bap, Coselby.Adlanis.Twolke, Tasademy.Desnobell.Fwolke, Emderem.Vaselnaz.Bap, Tesonter.Baszent.Twolke, Andergraat.Desmiat.Bwolke, Anderennes.Basoplan.Colole, Toniek.Alsener.Wwolke, Andoly.Tunesta.Bestenally, Omoton.Masaion.Wwole, Alveta.Beteset.Wwolke, Tonena.Alfelter.Desging.Fwolke, Asoltz.Bsotlz.Cwolke, Marico.Bestenn.Awolke, Bagliem.Ogasata.Bap, Denist.Stada.Vex, Tozemotz.Helaia.Awolke, Teneserems.Asento.Bwolke, Latenza.Namisott.Cwolke, Fusotta.Tasebast.Dwolke, Narentso.Osander.Besatt.Dwolke, Lauergrimm. Iteast.Pwolke, Lomesatta.Asnidalz.Awole, Enosoto.Halbis.Cwolke, Apetopa,Vaspaly.Awolke, Edndepata.Tastoff.Dwolke, Osdalany.Anlito.Gsender,

Tobenico.Alvelasta.Csender, Tobema.Onerris.Bwolke,
Atamingo.Aslalba.Awolke, Danoster.Oberan.Dwolke,
Ozentra.Tamander.Bwolke, Basengy.Tusenda.Atamais,
Totengra.Galaban.Gsender, Tasamestry.Tonebra.Twolke,
Bascalaat.Basendram.Bwolke, Bezefeshi.Belödr.Bsender,
Donelba.Dadidado.Dwolke, Especla.Esin.Esender,
Alabsti.Alvenis.Awolke, Labeser.Tana.Vex,
Denemelle.Nasly.Tölp, Raneser.Fudomico.Tölp,
Andemertsa.Dansla.Bap, Ansomotters.Temedesy.Bap,
Elvenico.Olabala.Enselve.Tölp, Ansalter.Densico.Tannellis.Gap,
Elveller.Banico.Geßner.Gap, Telvelba.Tanembra.Bellis.Gap,
Tuestra.Osla.Obentis.Gap, Esmerertro.Lazentra.Gap,
Temendra.Berris.Gap, Ofenstra.Darry.Gap,
Olpacla.Mestoro.Gap, Oderris.Fasafara.Gap,
Posenstra.Lapolemos.Gap, Tesnoderrn.Unsterrondro.Gap,
Ensodonpha.Ulbaniterna.Gap, Edernogro.Asyblem.Gap,
Ponerrer.Lopulamhasa.Gap, Ernosterphoc.Docedoce.Gap,
Ademis.Motobeller.Gap, Amenica.Tallaller.Asin,
Temey.Tamis.Asin, Venderellis.Dinozentra.Asin,
Alvenis.Tassla.Cobon, Andermestri.Basvenis.Cobon,
Esvellis.Alveer.Cobon, Tonodalla.Ramatri.Cobon,
Ondiestra.Basaramy.Asin, Tonvelta.Dentra.Cobon,
Alvengra.Grozett.Cobon, Andermico.Tosolba.Cobon,
Alveert.Destra.Asin, Nodelba.Geralla.Asin,
Tangrets.Otmanig.Cobon, Nadeldergron.Tamendergronn.Asin,
Legvanico.Aneldy.Asin, Costnais.Lebralla.Cobon,
Teneberris.Terbra.Cobon, Alvestra.Bemeata.Asin,
Erdemballa.Embasca.Cobon, Anerro.Labsonter.Asin,
Telvonis.Chiaddrata.Cobon, Endepalba.Donozetta.Cobon,
Endosens.Dernomm.Asin, Entofi.Esersdatra.Asin,
Jujondergan.Labesta.Cobon, Ensdertomis.Ensalda.Cobon,
Sabataldo.Lobanasaud.Asin, Chomestra.Covonc.Cobon,

Asenderpagram.Doseaster.Asin, Senobelda.Endermes.Cobon, Tosenaderfat.Lopelga.Asin, Csender.Odenetz.Cobon, Understelby.Undersetta.Usender, Tomesterbat.Palovest.Gsender, Wenebe.Jujoja.Jsender, Nobelbestra.Oschabaklaat.Cobon, Zuzeka.Enterma.Esender, Oplagratt.Tenosbim.Tsender, Polemsaga.Hunottla.Hsender, Volmenderbraat.Volsenky.Vsender, Ascany.Nobestra.Asin, Ipalaga.Iua.Isender, Nodestra.Schabla.Asin, Unotterbroot.Unoldo.Usender. Obloc.Poballack.Csender, Taffsta.Almenaca.Asender, Chomy.Choutla.Cobon, Eneserfraat.Logdea.Asin, ripeseka.Routzy.Rsender, Albeschy.Lobesemmen.Asender, Totemesc.Lobess.Lsender, Endemosslo.Iandra.Cobon. Endemmen.Truottoco.Cobon, Eldemis.Unosederplan.Esender, Tasmenico.Oplataat.Tsender, Undemescho.Ulbeseem.Usender, Zoballaka.Zdemestro.Zsender, Andemestra.Albesmaat.Asender, Basenst.Bubadarres.Bsender, Codensy.Albacott.Cobon, Nadembly.Nobenna.Asin, Nsender.Gasondro.Asin. Talmeca.Undesfy.Asin. Goderna.Aleseg.Gsender, Endermo.Olbanaasr.Esender, Albenis.Donaba.Asin, Besselberetere.Bosotold.Bsender, Batzevnerreer.Pridamarl.Cobon, Tomesner.Hunoldo.Tsender, Doneberlasp.Labolmo.Lsender, Cobon.Zufilberris.Ersdemblat, Unobolog.Tenobosgorr.Usender, Unobolog.Tenobosgoor.Tsender, Osvenico.Maderald.Asin, Baseldes.Derrin.Dsender, Usvenelbe.Tunogrophlo.Tsender, Asderlabaack.Ernosser.Asender, Asin.Albagraavi.Asender, Evet.Rebold.Esender, Tomolgo.Enner.Vex, Esslebe.Sonis.Bap, Atany.Sasgella.Asin, Ocolder.Alcha.Cobonn, Tazemy.Tostembott.Tsender, Andesse.Alventy.Asender, Tosbald.Chahcaua.Cobonn, Temoglat.Oggersvonn.Gsender, Gatalba.Generata.Gsender, Aslobaat.Tasold.Tsender, Demegerris.Dasahud.Dsender, Elgopomm.Esephlaat.Esender,

Amesdra.Tosoba.Awolke, Dennenlaha.Denisato.Dwolke, Tonesderphon.Tonleber.Twolke. Ansetter.Alsaat.Awolke, Talber.Alvenis.Awolke, Balledram.Asbasech.Bwolke, Balledram.Asbasech.Bwolke, Ossoballo.Paleeft.Awolke, Zuzelbergroon.Zuzeca.Zwolke, Ensergafaat.Esnendella.Ewolke, Donsegraphla.Odedaddaha.Dsender, Salsadam.Sambabam.Swolke, Tenesidom.Dallasidan.Dsender, Bennomico.Badelle.Bwolke, Aseld.Besald.Dwolke, Aseld.Besald.Awolke, Tonesca.Udder.Esender, Tesena.Attato.Tölp, Abasci.Oderonn.Bap, Elbana.Xadam.Vex, Asaldo.Saliman.Asin, Coroldatt.Cosoberst.Cobonn, Andergrall.Balajer.Awolke. Aballa.Banico.Bap, Tenesgoll.Tobronner.Tsender, Osaplaat.Asaplaat.Asender, Avonico.Bassett.Awolke, Tablam.Bamera.Bsender, Esmanda.Enatta.Vex, Tamndergra.Basold,Asender. Cadena.Allagra.Awolke, Tommer.Schaffit.Bap, Emdesca.Nosold.Bsender, Aliobo.Vosember.Awolke, Ernetz.Esedolb.Esender, Albasterno.Elbollo.Ewolke, Ansermon.Alsete.Asender, Aslentz.Undebro.Ewolke, Estobo.Venerom.Vex, Enserdo.Almenaat.Vex, Zumondly.Mangasem.Bap, Enserdro.Lobenso.Osender, Taman.Albeen.Bap, Ladoa.Lassenn.Lsender, Zuzepo.Zazarei.Zsender, Unseblo.Uldonn.Uwolke, Monanderba.Monest.Mip, Emdobirba.Mitandem.Mip, Modenlo.Misembla.Mip, Modenfita.Almon.Mip, Ensdab.Endobap.Bap, Chamen.Lasopo.Jotmuun, Moberdi.Omisudul.Mip, Pianza.Imporo.Mip, Jamodip.Joblip.Mip, Sosie.Muplu.Mip, Asompli.Padapi.Mip, Undermi.Ondomi.Mip, Paderla.Enderpi.Mip, Esnoder.Ulbozo.Bap, Enderno.Loberna.Bap, Miderno.Pilberst.Mip, Asendo.Asendo.Asender, Lumento.Uplata.Bsender, Unolm.Esto.Osender.

Pichero.Midopp.Mip, Asnomi.Miderop.Mip, Undermi.Milpozett.Mip, Obocodemis Moyella, Adesperat Alvecentaris, Mascerna.Ondestra.Mip, Undesca.Losenderris.Mip, Usendoritzo.Dosternerarat.Mip, Ensessla.Undesstra.Usender, Endosberam.Tossnesla.Tsender, Tamban.Labasetzla.Owolke, Inisodestro.Undentrafta.Fsender, Zumandaly.Zunosderpo.Zwolke, Asenderrit.Laubasdelva.Asender, Endopasenst.Olpomomat.Osender, Vademerto.Vasgerpest.Vex, Basendry.Balnoberra.Bap, Mandefetro.Masendra.Mip, Inadabald.Inderremy.Isender, Inuder.Inibyl.Iwolke, Chauner.Chabestra.Asender, Fasnoberno.Uschlamest.Uwolke, Tesneander.Zusolbo.Zwolke, Asnadenst.Olbataca.Asender, Mutzonder.Muvensla.Mip, Unestro.Usenderbal.Uwolke, Insendesa.Isplastra.Iwolke, Pasendeez.Pernomest.Pwolke, Undernobedro.Peslamaatz.Usender, Ennerdafflaan.Pasnadoll.EPsender, Odenselbo.Olsadraatz.Owolke, Vesdernobemberon.Vodernodest.Vsender, Undemeetz.Isnadellan.Ewolke, Iblammer.Pasendetz.Awolke, Ibiprosendro.Ubuprosendro.Bsender, Passnerfolb.Umsedlofopp.Fwolke, Idnergoldesa, Goreag.Baba.Bwolke, Asnadent.Pasmonder.Asnasender, Jujemolboter.Usnedeetz.Jwolke, Midestra.Mableron.Mip, Mosetzky.Modernoob.Mip. Masendro.Molbotaam.Mip, Modertobemra.Moslerfaat.Mip, Modernop.Molvotagla.Mip, Esnernobly.Esendropott.Vex, Vegliata.Tellmotroop.Vex. Vazumy.Vussnerdro.Vex, Opendro.Oplameldra.Vopt, Andamy.Albea.Awolke, Atandra.NBelsemon.Asender, Aderra.Albaat.Asender, Endea.Esendo.Ewolke, Eltebene.Ensla.Esender, Uneta.Udenstro.Usender. Olbomoot.Onslerdaan.Osender, Andestra.Alventra.Awolke,

Bossler.Bemsla.Bap, Vederres.Venico.Vex, Milderra.Matzadraat.Mip, Almendra.Asmelba.Asender, Tananigo.Talblest.Tsender, Andachli.Chimendra.Cwolke, Fenetti.Fasslaat.Fwolke, Fenderbraal.Fesnotimolf.Fsender, Vaneppler.Vondembro.Vex, Balltemendro.Banoder.Bap, Temondra.Mondra.Msender, Banderca.Belmeetz.Bsender, Bondermoll.Boslenser.Bwolke, Volpendra.Vautern.Vex, Venderto.Velmenis.Vex, Madendro.Milwuaner.Mip, Edenstro.Edlebend.Esender, Mautani.Molserphon.Mip, Madenstro.Melbersoon.Mip, Identifo.Ilsendra.Isender, Galfari.Gelberdra.Gsender, Enderno.Esnobeet.Ewolke, Tassnamico.Telbengi.Tsender, Zuomendra.Zodonic.Zwolke, Tendesomin.Esobestra.Esender.
Tumendereest.Tomendestra.Tölp, Endesomendra.Tomunedeer.Bwolke, Elbanica.Essenderloot.Esender, Enderfo.Endestra.Ewolke, Tomeest.Tobblomolpaan.Twolke, Rassnamolst.Reberris.Rwolke, Endeastra.Enlopra.Ewolke, Rassno.Ropomendo.Rsender, Unigla.Ulmütz.Uwolke, Ibli.Idiada.Iwolke, Trasonst.Tellemen.Tsender, Unagla.Unebro.Uwolke, Jesonata.Jesslephon.Jsender, Enoser.Essnemeke.Ewolke, Isnatron.Isibilly.Iwolke, Godena.Ugglerwenn.Gwolke, Quasanstro.Quequeque.Qsender, Passnerdam.Passlamann.Pass.
Lalessnemm.Lodenstro.Lsender, Undernemolbernat.Undenner.Uwolke, Semenstra.Sasolberfraat.Swolke, Popanstra.Pobernatz.Pob, Pendlerwenn.Issnomessno.Pass, Ummenata.Nastrada.Nsender, Tundlappin.Lagrappin.Lappin, Lauberno.Louffern.Lappin, Pasdertrau.Erneberlaat.Lappin, Zuzemeu.Lopauerda.Lappin, Dendertra.Oplerveen.Lappin, Enderta.Pauschis.Pass, Opernico.Lodernestra.Lappin, Umetrico.Ulesdeet.Lappin, Tenerfraat.Poudastrata.Pass, Haumasderno.Lopessnede.Lappin,

Umestrata.Jauper.Lappin, Uchemelberdo.Beschny.Lappin, Enderfolbo.Pupopepa.Pass, Idemeter.Ildernober.Isender, Pauperla.Podenerfa.Pass, Hanasopa.Loperno.Lappin, Endernogerno.Espau.Esender, Tumaupu.Toplerna.Twolke, Endoco.Elpomo.Esender, Terno.Topläsou.Twolke, Jopenderfo.Jauern.Jsender, Emee.Maiderla.Lappin, Ensderpho.Elstry.Esender, Unemo.Audero.Lappin, Topopa.Pausdennie.Pass, Tenslafolgo.Tupess.Twolke, Hanansdeu.Huplenn,.Lappin, Jujopende.Oppler.Lappin, Zumaulamd.Poperno.Pass, Denerfolau.Enderna.Lappin, Endeplaat.Egosphäre.Ewerk, Tusparlo.Todesplat.Psender, Lagenne.Laubalder.Lwolke, Zuzopedendra.Oplamezolt.Zsender, Lopass.Lapass.Pass, Undernamestro.Unetico.Uwolke, Passnanderflaat,Ebesepass.Pass, Laugenta.Laugenta.Lappin, Enstermodo.Topelle.Ewolke, Ausdanla.Applau.Asender, Bassnertraaz.Esnedz.Bwolke, Chaunopelle.Chemender.Csender, Desnopollo.Deunerfro.Dwolke, Etrepeu.Ettscon.Esender, Fassla.Faua.Fwolke, Generba.Geuno.Gsender, Unoplamoha.Opplohoni.Hwolke, Indestia.Inopla.Isender, Jaslonima.Jessnehebeetz.Jwolke, Kraumaris.Krotologie.Ksender. Laupastra.Lopernogoza.Lappin, Manisdapo.Maunatel.Mwolke, Nazplotonio.Nazpouna.Nsender, Opesdro.Poulamocha.Owolke, Paua.Polbermodentry.Pwolke, Quadra.Quetoniz.Qsender, Rausdenno.Rolmoon.Rwolke, Seizer.Seltiminy.Ssender, Tumender.Toplanaat.Twolke, Unidra.Utz.Usender, Volbendrenis.Volsder.Vwolke, Wentropo.Wegloza.Wsender, Xynne.Xendopy.Xwolke, Yalderris.Ynopleetz.Ysender, Zunoplau.Zulderphon.Zwolke, Cromantassia.Culpau.Csender, Tupestra.Toblian.Twolke, Enstalla.Estebolda.Esender, Bauva.Bolpaunas.Bwolke, Aunerdello.Adunei.Asender, Unimosdentro.Ulbellecheen.Uwolke, Inedei.Inellbanaam.Isender, Pauerpfau.Passnerdeneem.Pwolke,

Lausdernemis.Lopendra.Lappin, Mounerda.Monerdemmis.Mip, Balseneer.Bichnemello.Bip, Munerdo.Monimoni.Mip, Tassner.Telbenico.Tölp. Uve.Vovonis.Vex, Endernomenna.Elby.Ewolke, Tauerna.Tenerdo.Tsender, Ublernoso.Ugidestremm.Uwolke, Panoblick.Pauniseselbo.Psender, Endopico.Esslemeetz.Esender, Fafauernamelba.Fefe.Fsender, Dopinimiri.Deholphaan.Dsender, Aseeb.Aunipei.Awolke, Everris.Uvelbo.Vex, Baugenoop.Belbonut.Bap, Taugef.Tenomono.Tölp, Denpaua.Delphoor.Delta, Dongleb.Denabb.Delta, Dongtelbo.Doneber.Delta, Esnodemm.Demmy.Delta, Denserpony.Dopeltoto.Delta, Densomopa.Dolpa.Delta, Denumy.Desna.Delta, Uniderpho.Ipplophod.Delta, Endaum.Endassna.Delta, Enoped.Denglochoom.Delta, Endopocho.Adaunico.Delta, Undemm.Ideff.Delta, Deno.Ederristra.Delta, Denumy.Deborren.Delta, Densoco.Denoppy.Delta, Delty.Delty.Delta, Aunoleemis.Leapoldest.Asender, Besenglonis.Buneisder.Bwolke, Dolbernomoh.Donestrafa.Delta, Oplemeest.Onsderna.Owolke, Zufida.Esnoumer.Zwolke, Tenned.Entebene.Tsender, Onderfagran.Lausebezzy.Lsender, Ipernodelro.Isebeldra.Iser, Isnedemly.Iseito.Iser, Itarnofelbra.Inemenne.Iser, Inengro.Ilbizentris.Iser, Endefigi.Tostitaar.Iser, Ilfonidro.Ilbala.Iser, Ineimutz.Islerny.Iser, Iplobaak.Ilpernomo.Iser, Intranomo.Ildestnomo.Iser, Idemata.Idlizunna.Iser, Inesunool.Indeffetzy.Iser, Isenenge.Ipasumett.Iser, Inemehlebla.Indefell.Iser, Inaumerno.Idlesstrefety.Iser, Inumolboter.Inertoffes.Iser, Inedrell.Iplunomestry.Iser, Indegelbra.Iwenogremm.Iser, Lauberna.Elebelco.Ladretto, Lemunisser.Leoponis.Ladrett, Lumengo.Opervens.Ladretto, Lumeids.Olpernis.Ladrett, Julbers.Lesnatomo.Ladretto,

Lumenich.Lumender.Ladretto, Lopenst.Albess.Ladretto, Lopunda.Launistich.Ladretto, Lopumesty.Lapausniz.Ladrett, Imoploda.Idlenees.Iser, Jeminsdes.Olmizentra.Iser, Inedelbau.Inestrofo.Iser, Landestess.Launiph.Ladrett, Laudistry.Loopelgra.Ladretto, Ulminiest.Albessterro.Ladretto, Esladenno.Enterlomo.Ladretto, Junicolla.Endolbestro.Ladrett, Panember.Padernig.Pwolke, Undesterry.Unestro.Usender, Lafigollo.Elfendro.Ladrett, Lanbermer.Elpensk.Ladretto, Onsonello.Eurobal.Ladrett, Albanistic.Alvelly.Ladretto, Andondo.Afgeenst.Asender, Labestro.Alpenst.Ladrett, Lagendo.Labann.Ladretto, Indengro.Ildesteeb.Iser, Inenn.Iplua.Iser, Imunengo.Imunopo.Iser, Inoll.Ipamaast.Iser. Laugant.Lopemm.Ladrett, Lodau.Loppello.Ladretto, Umestell.Oplemond.Ladrett, Ipomulbau.Inopili.Iser, Lalonder.Lopellma.Ladretto, Lunendeel.Lopulmy.Ladrett, Inilbo.Olmundia.Iser.Ladrett, Albenky.Aneppy.Asender, Basmoldo.Banearov.Bip, Caniodo.Tchemta.Cwolke, Anestro.Albingy.Asender, Etolba.Esinchy.Esender, Formy (School for soldiers), Edebene.Maldoi.Dwolke, Antollo.Letiess.Asender, Belgolo.Batiam.Bip, Abestry.Alvezez.Awolke, Talbene.Teloderris.Tsender, Unagi.Fubell.Usender, Alpetz.Albest.Asender, Tomello.Tasent.Twolke, Bemis.Badesta.Bip, Tomenco.Tonert.Tölp, Andelba.Alamerris.Awolke, Onetta.Onosent.Osender, Albelle.Antella.Awolke, Lasetto.Lapian.Ladretto, Albenick.Alembo.Ladrett, Unilala.Unilamest.Ladretto. Elpomool.Endefocon.Ladretto, Endebell.Tamisbell.Ladretto, Elbonolt.Bonilamell.Ladretto, verdamisieren, Verolbozieren, vergenosieren, verlamazellen, verdomestieren, vermerren (die Merre), vermonoconisieren, vernobellisieren, vernomenterren, verzarren, vernomoserren, verondoplazieren, verondepolloclastieren, vernomerzieren, vertunietsen, vernoplamesten, vernomunesten, veropolamerren, verunimetsenden, Lagquiller.Lapostera. Ladrett, Lasonico.Laudanis.Ladretto, Lasbemes.Laudanico.Ladrett, Lainames.ALmenes.Ladretto, Leijeneck.Lestiman.Ladrett, Limestan.Lopelmat.Ladretto, Limestera.Lestonis.Ladrett, Inigenica.Inesemblada.Iser, Inemenderon.Inesterris.Iser, Tediansda.Terris.Tölp, Tadicado.Tellot.Tölp, Bastiens.Bebesly.Bip, Beldomo.Beldiop.Bip, Isnat.Isibelly.Iser, Fastendo.Filber.Fwolke, Tadamy.Tesmioda.Tölp, Tesenter.Tessenbe.Tsender, Volmenis.Oventerra.Vsender, Edono.Elbonis.Esender, Odello.Olomene.Owolke, Lalenis.Elbaentro.Ladretto, Olgovany.Olperatz.Ladrett.Owolke, Reverris.Resalabo.Rsender, Nibander.Pilendes.Iser, Debalda.Desienny.Dsender, Jussent.Ejaleat.Jwolke, Inumendro.Inesselby.Iser, Edenive.Edendra.Delta, Tedomenf.Lasdeldby.Delta, Fenedell.Jedundulu.Delta, Denumu.Odundru.Delta, Edonomda.Padello.Delta, Endodan.Ipluda.Delta, Endoberna.Denidy.Delta, Ilpumendo.Ilbendede.Delta, Polderneid.Nedoblo.Delta, Edade.Debennek.Delta, Entopendo.Dendria.Delta, Denobold.Denop.Delta, Elponeda.Tenompede.Delta, Tenepod.Endopoda.Delta, Tudondro.Endopoda.Delta, Sydana.Induplad.Delta, Tendopo.Denadala.Delta, Plube.Diju.Delap, Tuse.Lonle.Prodeta, Schufo.Ada.Gromo, Rofi.Impar.Astlo, Habiville, Calu.Favole.Frevele, Amest.Saldelas.Urenfa, Mojadu.Seledie.Ecosol, Presaco.Neparpa.Repalavil, Ubasi.Filetad.Fatre, Esoin.Vullon.Remenli, Mainleten.Intelesje.Streno, Decade.Pamopa.Enunen, Sonnfo.Sosias.Sogri, Tamata.Nomdenom.Danedo, Celece.Jedeje.Renare, Wavawa.Cofaco.Diladi, Ghosavghos.Drapredra.Insotin, Copeco.Avanav.Padepa, Pfibopfi.Mipami.Ocode,

Ausaleta.Mawenede.Putilbro, Delacofe.Roclea.Tadepo, Loduse.Mercat.Voipaff, Beprola.Echble.Telo, Zucoge.Midepa.Ageri, Pozugrö.Gruwoni.Tudania,Stefükri.Inallge.Abetven, Amusenu.Dodiva.Nare, Ucundeki.Voversie.Maßemp, Gabede.Kobezu.Gelwo.Bernido, Cokimi.Codada.Codrima, Codieb.Codiemum.Cobemi, Coneve.Cofreenun.Cosode, Covasta.Cogelva.Codeki, Lascate.Labluver.Labeny, Covelab.Covenium.Conegla.Coverium, Coreda.Cobere.Cofuwe, Comiab.Coherund.Coseta, Coresche.Cozudal.Comire, Cogandaus.Cogeschsal.Conege, Coschede.Colimdü.Cowu, Codiesin.Coctuschre.Comaban, Codrischme.Comanes.Covermabin, Codieme.Cozufri.Costümet, Devoarec.Retavali.Aglobi, Vagcha.Ambodulac.Unucasde, Kayuedo.Sicales.Orgagei; Laperqui.Toleset.Vadedo, Ababie.Quisont.Capaodada, Suidesco.Fidemi.Pluseco, Platescu.Ensen.Denaso, Balila.Dilame.Retbra.Danac, Ledelco.Duscade.Sopole, Usugephu.Bepluaoba, Vadunico.Dupabe.Lecrodu, Cetapca.Impoda.Ensemest, Exekle.Runademis.Lapemonn, Estemias.Undermelis.Lopundersaat, Zumendero.Unipelmoto.Oleasterbat, Endepender.Aspelimuntat.Lapomendofo, Elsamonderat.Chapusemot.Fafelmiot, Endespo.Lopendezonn.Pasdernograll, Pastonemot.Lopenserda.Oplamatzonn, Palmony.Albenstro.Lopenderso, Endersterifat.Wazemngernol.Poplitanemis, Endopelmodenn.Lopanunufengli.Popann, Pasnumender.Pamensterfo.Klamenderrs, Granemocho.Fasnenderla.Wentterrama, Endoplonama.Sendensta.Tranelbu,

Endofelmo.Tonamelbot.Zunender,
Iplunemm.Lapodepo.Lanserna,
Codricine.Coplemoll.Comenderlo, Dresicim.Sewabe.Lehasi,
Gekridem, Amnafa.Abwasi.Dadermu,
Dawesu.Brudafe.Teatremas, Piflo.Vilvau.Fudali,
Aucim.Jegru.Dazin, Dinande.Blanodi.Tasone,
Inblali.Dazewsun.Verposau, Lichunlich.Sympfida.Muwiwa,
Semida.Udenbe.Postehse, Muvover.Spiewide.Gebesme,
Unfapro.Sovielem.Pusida. Abmater.Inderre.Zezuzu,
Catragra.Tolona.Dipopri, Unfole.Silace.Enlepro,
Zunostu.Gebzuge.Sorada, Pototun.Obsquele.Onade,
Polefe.Desopdu.Nomono, Lodale.Deprere.Peleco,
Pedique.Quatans.Coupaco, Lescoco.Aumodo.Dipdie,
Diebüze.Pofäwu.Anwüwe, Endrenico.Dadialagy.Ensetemblo,
Autsamy.Denesterbot.Entroplescht,
Enulmenoblaaz.Labodomot.Paplemengy,
Ensoplotemestra.Toplazaat.Zennensitry,
Qualldry.Lopendomoldo.Entrolbernaatz,
Tenobomet.Endloponesty.Tonebelba,
Tonopalbaat.Unedo.Pimolper,
Endestelly.Tonolopendra.Wenadembro,
Denoplo.Tenomfa.Fabazamy, Enestro.Toplamald.Pauner,
Endomasser.Entzelbogique.Pomansertron,
Wasdlerna.Trenzka.Unipler, Uness.Idlerfral.Oplonamelga,
Endolbernopo.Trinendstroba.Oplinumelda,
Asnernumest.Anfolp.Awolke, Ansdeneet.Laplonogie.Asender,
Tenedolgy.Endoplameest.Undernogrocky,
Endeblaast.Echendris.Esender,
Ensobolmer.Tenolgerfla.Ataniastry,
Enoplodenst.Denobenst.Bensdrisimy,
Zumelbonn.Sumeastra.Senolfe,
Endoplonendro.Tranesdergro.Obiasterno,

Chamestsu.Unendrofengry.Iplamasterren,
Chemoldenest.Laplolenella.Lausenomoot,
Endolphy.Megeenissa.Humulder,
Esnobendro.Lablaenestra.Pullernoff,
Agibebo.Telmonder.Atsendelbis, Andesco.Tolemendo.Otgerris,
Tamahl.Elbehn.Nudierra, Albestocom.Tenesdolba.Datzian,
Milldedi.Tralura.Glopro, Nosavo.Hypre.Caspola,
Encapo.Eplude.Novosenti, Entrevo.Todene.Audeaude,
Etbe.Soprem.Fauro, Leefrer.Delecha.Elveet,
Camessa.Lademest.Lesdodsdo, Ceton.Cabeda.Vapreno,
Espaf.Cycomo.Serrens, Asscien.Duramo.Unall,
Salepre.Satromo.Ssender, Lavenest.Autobru.Viovio,
Lavisdu.Novadca.Lespayac, Deplada.Lougagnoc.Undori,
Cabeno.Luppler.Andestomy, Latemis.Rafflala.Ufepe,
Tragac.Lessec.Desule, Laimagdes.Sitaya.Danti,
Lagespa.Descola.Facex.Restema, Despra.Dropala.Infodudra,
Dosupe.Chamenti.Kabetefi.Lemadatran, Rejolago.Nivainla.Etlin,
Polema.Voulade.Depedure, Repevendre,
Lecomol.Partaux.Debolol, Ladecderev.Utol.Leprejoun,
Dessom.Lesdelemp.Auradu, Crilaimpa.Comesta.Endetrall,
Esniata.Imusterno.Polendra, Aclescel.Celdepa.Palede,
Djallance.Porope.Soske, Tosens.Unqua.Cefim,
Lusifin.Lasom.Canavis, Poron.Autadex.Denerbotam,
Ceseven.Ceseland.Dabesolian, Herated.Caplade.Delasie,
Delado.Suanun.Suralrin, Comparles.Paspupa.Macer,
Ilyava.Autensa.Cruenvo, Nonepre.Topu.Ennuno,
Celdep.Liapor.Songeson, Desant.Cesai.Matipri,
Enconti.Pourropro.Cofon, Kuckee.Doboch.Käpru,
Ogalwes.Fidebeur.Stestasto, Saglai.Deffu.Gaspla,
Maprema.Magucua.Lepropro, Dacece.Parfofo.Aucece,
Nososo.Atpepep.Capapa, Chajojo.Incoco.Nesuso.Retete,
Dodede.Lastisti.Drememe, Asdenden.Pofefe.Unettet,

Andada.Landede.Tandidi, Eneses.Iplinunu.Endotrotro, Uplisomo.Kapsomo.Tenosomo, Cetetvig.Relle.Deducecer, Veddun.Pardofo.Vagratol, Deladir.Allin.Alter, Goginocon.Hisdetro.Suppurmar, Devlaser.Presais.Anderrietz, Aechil.Rasese.Bumomo, Bagua.Cawage.Osoleco, Ayalestat.Elysono.Patrefor, Lalidudra.Cladev.Aspimm, Hopazu, Cydoplu.Semio.Novenma, Cutintel.Cequiso.Fupluplu, Maleche.Halodu.Rodester, Effinzee.Gipavit.Etaness, Sudeldel.Errgrode.Ploitachut, Abapore.Pedemar.Augydis, Ateschy.Resuni.Andenico, Albestomy.Fasebeest.Jadriem, Andesteem.Tamonder.Jenelby, Otgolaast.Spalock.Spesser, Aldervlaag.tesendeff.Abesemall, Papepepa.Anesdervlaags.Baldering.

Onesealy.Tataela.Fuderplaque, Unelber.Assnergoll.Romedengo, Gautervanis.Albertphone.Enebesgra.Aliotogazonn.Lagloller.Bluefi.Esgeldeet.Taubanpallst.Aselbeet, Ausdreng.Drangforno.Druggler, Endede.Anfa.Opplerhof, Kuatrets.Vagvava.Allilory, Andescion.Albestro.Asender, Besineke.Badvemst.Bsender, Batlefeet.Besindry.Bwolke, Chamestra.Alchemeest.Csender, Tanesdro.Endeslbaat.Twolke, Ulbennestra.Unifolbot.Usender, Zazelberfla.Inebelbeest.Zsender, Ilbescro.Ilopuman.Iwolke, Enesdramapp.Ensdosemeng.Ewolke, Enumestra.Elbozolb.Ewolke, Gasny.Galballerfafraan.Gsender, Gendoplotty.Gelbestrelbo.Gwolke, Assnerdelbeet.Alschestro.Awolke, Desolbestrity.Desnodenstity.Dwolke, Tonemeest.Torgesbold.Twolke, Esgophon.Baldemene.Ewolke, Islerfrenny.Insaba.Isender, Tanald.Tesbergranny.Twolke, Alsagraad.Andester.Asender, Aschvellis.Alsogroot.Comsender, Ansater.Colboplast.Comsender, Anesder.Causelder.Comsender, NasdergelboAsalbadbro.Com-A, Esnerdobest.Albegrono.Com-B, Anesderfally.Dasendro.Com-D, Einfast.Enogramlaan.Com-E,

Denesber.Deseldraat.Comsneder, Ensderflagritt.Esender.Com-E, Enobremmlah.Olbestrete.Com-E, Erfolboost.Epplenesdra.Esender, Telmopra.Telmondroot.Twolke, Dadetulmesch.Ensobremm.Com-D, Tunesdeer.Tunischly.Tunsender, Degepedec.Gaglopla.Com-D, Lefacomtom.Com-E, Lemanele.Erpprocha.Com-A, Leradevla.Cosole.Ouaz, Lajefelete.Pagrocho.Comsender, Fapole.Vonolav.Sautricol.Com-C, Laplade.Preseca.Lafila, Focoucou.Sefopofopo.Com-O, Arrlenu.Porespe.Chama, Serabs.Menaul.Fabav.Papude, Com-D.Lecodu.Lavilev, Todefral.Inoles.Enseto.Com-T, Lepavaé.Pretlepra.Com-P. Cellmodos.Bedabeda.Com-B, Monbel.Estvol.Affa.Comsender, Podala.Lavedev.Ladefo.Com-A, Lesfema.Jesfuras.Com-J, Duleto.Cessex.Tajajaja.Com-T, Sepuestro.Videsoso.Com-V, Deprela.Dusocom.Com-D, Madajofo.Proserens.Com-P, Cobalenen.Siceden.Com-C, Capotata.Potala.Com-A, Cimidimi.Reaugen.Comsender, Wilat.Fifo.Moding, Unpolo.Jemogra.Com.L, Dotrutwi.Micam.Com-Atri, Ofpre.Lopre.Com-Move, Repdiff.Sesairs.Com-LA, Lavidepa.Busest.Evojost.Comsender, Chohas.Dutravac.Com-Pospro, Reapro.Primopo.Com-Jeco, Ilmepe.Mafade.Com-E, Cesdene.Jeconu.Com-E, Cesfabde.Depopa.Com-E, Lamoso.Cenepa.Nepapa.Com-A, Sodeno.Modede.Frebagu, Demcales.Lapripad.Entoto.Comsender, Lovdusco.Apredule.Com-U, Celldela.Dasunfa.Ondemela.Com-A, Essiilit.Daleco.Lepocom, Modeve.Sulespe.Com-E, Lesjonenmo.Natiama.Com-N, Lesjeta.Entensce.Com-E, Orgresp.Lapresu.Com-E, Vigdu.Condu.Com-U, Pelape.Defade.Com-A, Lasede.Podape.Com-L-P, Salebli.Dahive.Com-I, Ubonac.Scopese.Com-C, Naffpa.Fadubi.Com-F, Conala.Prolux.Com-C,

Affunsco.Cetomre.Com-C, Lalinot.Consenot.Com-Not, Laplade.Modela.Com-A, Vaque.Vacla.Com-V, Amco.Tonenso.Com-O, Voldes.Aliattna.Comsender,Ungrolo.Unestet.Com-U, Uneslderno.Unertrepoll.Com-U, Unsodade.Unsodad.Com-U, Unestrebet.Untramoldo.Com-U, Uner.Untraball.Com-U, Untasemell,Unblasset.Com-U, Unernono.Unerssbreno.Com-U, Unidler.Uniuni.Com-U, Unerbeel.Uniatta.Com-U, Unzufic.Unzebrell.Com-U, Untrabelbe.Unernioto.Com-U, Undebellbe.Uneratra.Usender, Unetrabald.Unerfolgo.Uwolke, Unoplo.Unralbes.Com-U, Unerfeeld.Unersbeet.Com-U, Unfalbes.Underno.Usender, Unfaldrann.Undebreest.Uwolke, Unplosalb.Underneest.Usender, Undestremeenst.Untolser.Com-U, Unterno.Untestrelb.Uwolke, Uniata.Unjomelber.Usender, Unplamost.Unpermedre.Com-U, Unpasonn.Unpernomis.Uwolke, Unpassner.Unratsend.Com-U, Unpalmast.Unpernome.Usender, Unopemmes.Unasnis.Usender, Unpomenn.Untramelbo.Uwolke, Unessno.Unilament.Com-U, Uniaterno.Unelbessrem.Com-U, Untrafeetz.Unteblell.Uwolke, Unilber.Uneneel.Com-U, Unernobell.Untenogo.Uwolke, Untraffall.Undernogry.Usender, Unbelbenn.Unbefena,Com-U, Unpalmond.Undenerro.Usender, Unaldennes.Unerseet.Com-U, Undeglamist.Undemetrst.Com-U, Undebeldrip.Undebeneke.Usender, Unplomatrenn.Undemotriop.Uwolke, Umistenetz.Undemester.Com-U, Undemetrett.Unzoplenest.Uwolke,Unpobermast.Unjodennes.Com-U, Undebeetz.Unsemestra.Uwolke, Unpodemestenn.Unpodemerbra.Com-U, Undemeselbo.Undesenst.Usender, Pegen, Tadiemoss.Eltoboneen.Tsender, Ensernademstro.Demobernogra.Ewolke,

Tanserno.Emolagraat.Com-O, Ensernaur.Entrefreest.Com-E, Endestrobelbo.Trenomendestrer.Esender, Elbonoffo.Fabesdemis.Fsender, Tranolbess.Zunzuna.Awolke, Wausnermall.Wolbeneke.Com-W, Endeblazentro.Elbunut.Com-E, Pelbonotomis.Aplemeest.Com-P, Denerfo.Tronesch.Nsender, Nesefrofra.Etrenestry.Nwolke, Esnezulbu.Tromendorres.Com-E, Laplaier.Latromende.Com-La, Etenaua.Talbonestro.Com-A, Awolke.Elbantry.Anamoss, Ewolke.Denerbroller.Fefomolbo, Esender.Ejetrau.Esender.Tranemelb, Esganico.Asganico.Awolke, Tanedelbes.Altebleetzer.Asender, Endobendromm.Tradopp.Owolke, Enopserna.Endolbendomm.Com-En, Zutelbonn.Oplertel.Com-Tel, Indepleems.Albennespleems.Com-Pleems, Weneke.Aldobneke.Com-Eke, Lapoldermaatz.Olpenegreen.Owolke, Alsernaatz.Albesalser.Com-Alser, Astennes.Asemeetz.Com-As, Fefomendro.Effenlo.Esender, Jujamo.Jajaja.Com-Ja, Elbonelles.Elleke.Com-El, Atennopo.Algonicaas.Com-A, Ansemellendro.Andefeetz.Com-An, Unietra.Ulbiniss.Uwolke, Zunobembror.Orspunick.Com-Or, Endopelbro.Unialla.Comsender, Inebreeme.Gasolbest.Comsender, Endofgasca.Elboninn.Esender, Elbogolbo.Endesfeetz.Ewolke, Chapelmosonn.Chablesteep-Com-Cha, Echlafong.Esondafa.Com-E, Tunumelle.Ultafgraat.Uwolke, Ulbesteet.Umudeponn.Com-U, Ildeilde.Bildebilde.Com-Ilde, Chasonnes.Chafasterna.Com-Cha, Alchaseer.Ulaschacha.Com-Cha, Endofcha.Tunucha.Com-Cha, Enonnacha.Ulbicha.Com-Cha, Ensoffercha.Linummucha.Com-Cha, Endopemmcha.Chachacha.Com-Cha, Chasender.Endefcha.Chasender, Zunimobbo.Chalollersponn.Com-Cha, Sysacha.Chamopp.Com-Cha, Enocha.Paplacha.Cha-Com, Elboncha.Chaselb.Cha-Com,

Tatasemo.Algespennri.Comsender, Asbenesco.Alveneetz.Awolke, Asberamis.Albenesser.Asender, Endopenefro.Elbocons.Com-E, Albenetz.Alsgenestra.Com-A, Banedeffra.Beldimiostra.Com-B, Albenich.Intremestro.Com-I, Andestenso.Elbenosdro.Esender, Afgesebbla.Eudemista.Com-A, Albenstro.Endefennra.Com-E, Ogliastran.Olbeness.Osender, Talbenro.Testoffoco.Twolke, Edome.Alopatasm.Owolke, Tessloples.Olgesens.Osender, Endosemestro.Ondefegenis.Dwolke, Eldanatana.Elsogemm.Lsender, Ondefenees.Opess.Com-O, Zupasefe.Uldeneff.Usender, Chanesimo.Alchefestra.Csender.Hwolke, Esnertomastra.Olbotomis.Com-O, Endebetra.Trasennes.Trasender, Elbondra.Nogeser.Nsender, Ilopesmes.Albanti.Comsender, Iliastra.Algenereche.Asender, Eneffro.Eldonogry.Ewolke, Oderatz.Ulunoffsra.Com-O, Uniasterfad.Ulbinico.Com-U, Undebenester.Zunelbo.Uwolke, Endebenestro.Elfonograt.Esender, Tunomo.Reltofa.Tsender, Punidemell.Lodeneveet.Lsender, Unidobon.UnidoMetz.Com-Uni, Ensefolda.Ponefogat.Fwolke, Endefoldran.Elobololl.Esender, Unelunelune.Ponufolb.Uwolke, Etternobritz.Selmonogrost.Com-O, Enfolgerstraat.Folfermitz.Com-F, Wonica.Olwer.Com-W, Noderfongs.Offoco.Fsender, Rasdold.Errerfan.Comsender, Elbonemestra.Ellerfeerd.Esender, Luponometer.Ulbiat.Com-U, Tenoderfraat.Sanoffo.Asender, Albinaca.Ilridamis.Com-I, Endofog.Olbenemeke.Esender, Inioco.Inofrenn.Com-I, Benogerfold.Fasdemalb.Com-F, Libemeto.Ildogro.Com-I, Esderfols.Sobanaca.Com-S, Esendrik.Krigiatz.Kwolke, Enefrenne.Fratiz.Com-F, Oldemestra,Tenialba.Awolke, Jumopan.Ernejoll.Com-J, Tonbar.Otagrann.Osender, Taneboll.Bonianda.Bap, Elbestrama.Aniata.Com-A,

Enfedeem.Etoborrer.Esender, Undemolb.Letonoc.Owolke, Tufolob.Ebloganica.Bsender, Uploseger.Unedemm.Esender, Eneatrall.Albonico.Com-A, Tupesdra.Tollsetz.Tsender, Unajemoa.Jenidorr.Com-J, Enojoll.Joandamis.Jsender, Enufogoll.Unsebetis.Ewolke, Gogilaball.Tenogrest.Gsender, Anetomett.Megander.Mwolke, Badiembra.Bodeneke.Bap, Albesensio.Tabemla.Awolke, Chaselda.Chastiotam.Com-Ch, Alvenstalle.Dasebezonn.Com-A, Gesandro.Egalbonzo.Com-G, Tabelst.Etolstaan.Com-A, Efgonico.Telandra.Esender, Asinoby.Nasgony.Com-Y, Tebraanst.Tesveller.Com-T, Jopenelstra.Enejian.Com-J, Asnebolda.Jiponamau.Asender, Unfesgrall.Unesendro.Uwolke, Nizumelbo.Nezeneet.Nsender, Endofogony.Edlentro.Com-E, Toplamas.Ottra.Osender, Endalposs.Tenopimi.Ewolke, Zenopas.Indra.Com-A, Elopasah.Unudunu.Comsender, Egopezeem.Asdopil.Psender, Unedeneet.Ilponomm.Nsender, Mopasembra.Josmel.Com-E, Desopp.Odestry.Owolke, Endopemeetz.Asnopremer.Esender, Endoglofo.Panedrann.Ewolke, Puneselbra.Pasondeetz.Com-P, Eque.Waldobomwa.Comsender, Huniplasonn.Faslopondest.Owolke, Tosodo.Cerole.Osender, Descasdeco.Papoleto.Awolke, Aurele.Aumopo.Com-Au, Apsowowi.Lidolong.Com-I, Deffpropa.Nomoca.Com-O, Fodeci.Ushofe.Esender, Cadema.Toshole.Comsender, Decedi.Promede.Com-E, Cemete.Maplic.Com-C, Uboli.Pupogruff.Comsender, Esticonso.Pricopo.Owolke, Phenoteno.Cocepi.Com-E. Emologonde.Ijebestra.Esender, Dudemaci.Difopa.Dsender, Ensemite.Delacopo.Ewolke, Vunese.Difovu.Com-Vu, Suloba.Safrate.Asender, Protian.Lasensa.Awolke, Vopava.Miprelesma.Com-A, Cinasi.Prelodun.Comsender, Delapo.Devomo.Com-D, Lapade.Etredela.Com-A, Epanamico.Oldemenestra.Asender, Ontefonico.Olbazandry.Owolke.

Desdenigrast.Edemolderstal.Dwolke, Tenosga.Ondefest.Esender, Zamolderphons, Osgenewy.Lilbanerson.Com-N, Oldiefanogom.Sadlopenstro.Nsender, Enfopalumeno.Lapaonolbe.Esender, Jamondo.Eldomonat.Com-O, Tenopall.Ottlodansa.Asender, Enderfagrall.Elbonamandestry.Esender, Tonemolgozall.Tenoplestra.Com-T, Ramalbo.Ertra.Awolke, Tenomalba.Endefrast.Com-E, Endenfalla.Tuniple.Ewolke, Albatronic, Dasdelm.Andogotz.Awolke, Tendlafon.Sobomal.Com-A, Anabon.Tolvasdra.Comsender, Tafasin.Udelebeke.Comsender, Endestro.Elbograd.Esender, Fandabell.Effegoll.Fsender, Tamarescla.Edrala.Asneder, Endoendo.Lobomoll.Com-O, Etrasangra.Endesla.Esender,Enjasaff.Fadlaphono.Fsender, Pasjamoll.Jandefetz.Jsender, Eldfolb.Gesedd.Dsender, Polizivi.Levolaco.Lsender, Debudesu.Paviava.Comsender, Lecadeco.Devacsuf.Asender, Elpou.Endevo.Ewolke, Letesapo.Lamepro.Lwolke, Ledisdete.Sidoper.Com-I, Vaccocov.Efficpode.Com-C, Encepe.Paladia.Com-P, Provelerut.Meconut.Uwolke, Lejova.Jappro.Com-J, Lecindespo.Declaconta.Com-D, Tutetra.Modele.Esender, Maqua.Afini.Asender, Recodejo.Desprodesur.Dwolke, Laplucebe.Levatpub.Lwolke, Condix.Xipresti.Com-X, Decedeche.Enoberaster.Com-E, Loplatemulsa.Uniatacca.Com-U, Tonaboldam.Esolderplatt.Owolke, Eldoniprolam.Pradollera.Com-P, Entopelsam.Peltrofeldonn.Osender, Zunoldestra.Puldenemell.Uwolke, Endofeldeeb.Fagelletron.Esender, Torpidenitro, Nitrotorpid, Torpidendorphyn, Torpidgluccose, Torpidaction, Torpidreaction, Torpidtorpedo, Torpidfellows, Torpidtorpid, Endofelbo.Feniata.Com-F, Elbonatram.Boniaca.Com-B,

Etrofolgea.Foniataca.Fsender, Oplianiz.Neboloco.Nsender, Tenobezomba.Eltrovonigla.Com-T, Ebandergalfon.Tanoslopezendro.Owolke, Tonipademoco.Gelbotomastra.Asender, Tunipozass.Renodesembla.Awolke, Ternogransa.Gaseldofla.Gsender, Endoplazondra.Eneronogvasit.Com-E, Doplasomogo.Olbit.Com-O, Tenopasandra.Enerdrasgfon.Com-E, Tunipolandro.Gesettrafa.Tsender, Tonopezendro.Toplassembre.Com-T, Kalesedro.Elkafaka.Com-K, Tenofedreen.Aldosomico.Com-D, Zunedrellba.Uniderolbasa.Com-U, Ondadeno.Metemis.Com-E, Sutola.Maprepo.Com-A, Balmonar.Rejontla.Rsender, Expevra.Cemacav.Vwolke, Lamodis.Densdes.Dsender, Lacadac.Descopre.Com-C, Povole.Endespon.Com-P, Gestidelat.Capdac.Dsender, Saspolag.Legedelan.Gsender, Densotac.Delinfradela.Com-D, Uncedesto.Apdesaut.Dsender, Glutkörperschaft, Flecepe. Aldemesio.Com-E, Andesbenesa.Beldoplocam.Com-B, Enogrophan.Phalabossla.Com-Ph, Endebesona.Albesensro.Awolke, Endeblastam.Lagronico.Lsender, Tenomastrat.Eltobsamt.Tsender, Onesemolderan.Aldosonat.Dsender, Enoplastrafan.Fasetenerren.Rwolke, Radesemion.Entrovang.Rsender, Tanemesembra.Altogrofflo.Com-R, Enjefegeen.Tusejenian.Com-J, Tenionderram.Eltisonodro.Com-T, Plasamaldra.Elpersegreen.Com-P, Undefessla.Effendarelbet.Fsender, Pionesco.Pionelbra.Com-Pio, Piosender.Piosender.Piosender, Ensegralba.Alletro.Uniwea.Asender,

Oposendra.Aldernograll.Osender, Nasomoppla.Asdernoferat.Com-A, Asdertunut.Segroma.Com-A, Ernupollo.Undriatraat.Uwolke, Ponestrastra.Opploveniat.Pwolke, Asgany.Fuderenbrom.Nwolke, Albacentra.Begianis.Asender, Endoplasondra.Ernobolbo.Esender, Jumadrondra.Jepliana.Com-J, Tuniatka.Ernodrestra.Com-A, Chamonra.Essebelem.Mwolke, Odernestra.Laplonomomo.Osender, Enderfagralba.Polasomestra.Com-A, Oklama.Pamegrana.Com-A, Beniendra.Albonomlan.Com-A, Endesplona.Medierres.Esender, Tanopesemgro.Eltoplanorro.Twolke, Asnernobelbo.Oplenetzerveen.Osender, Medianogralby.Esgopallmedia.Com-Media, Tonjuppessmat.Elteton.Com-Ton, Endezobber.Zolvanary.Zsender, Lopassner.Seniderrefroll.Ssender, Oldenop.Poniagary.Psender, Asnovlogrinn.Vonia.Vwolke, Vendrofogonn.Elvezelbra.Vsender, Anderander.Enogrollbo.Com-R, Banigond.Enboterre.Bap, Ensedoff.Ehlfernogra.Com-F, Manidefo.Applenfaal.Com-F, Etopassana.Edrapessede.Com-S, Tojer.Tunipaseldo.Tsender, Ipplenemell.Pejonegrod.Psender, Tamywedo.Clocad.Dwolke, Hayorelo.Hinyofre.Com-H, Sejo.Hawecli.Comsender, Wavof.Ostlymu.Osender, Rosand.Memand.Com-And, Nokno.Teydo.Owolke, Wallpapo.Beddeald.Asender.Lsender, Valmeto.Tatfro.Com-T, Wistu.Flacit.Tsender, Spruwo,Sofu.Com-S, Sivico.Aromy.Comsender, Smehav.Hinchee.Hwolke, Fatif.Malsha.Asender, Cosolpar. Nadopo.Psender, Bulupre.Mulibsa.Bap, Anincon.Acobbu.Com-C, Conrec.Besybrae,Com-E, Surtotoge.Siwato.Tsender, Eywebo.Eyweco.Com-Y, Surar.Lolne.Comsender,

Pulsadem.Deloho.Lsender, Kimuso.Walapp.Comsender, Hestospa.Smehado.Com-S, Casumo.Coucuvi.Cwolke, Recdajo.Lugadetip.Dwolke, Browis.Afrabe.Bap, Lurottof.Lopsho.Lsender, Endopendra.Spacrape.Asender, Mobreda.Plumalo.Awolke, Beaswe.Bonly.Bsender, Nomyfi.Vanayna.Ysender, Glacofindy.Frosputho.Osender, Realifa.Shanedat.Awolke, Slebetaly.Vomyneher.Ywolke, Musinfrorep.Exte.Comsender, Wizma.Batupon.Com-A, Conswu.Swena.Wsender, Musco.Neomuse.Usender, Chulabra.Uglogo.Uwolke, Fromyda.Blalemor.Owolke, Blurebla.Tebex.Bwolke, Brasorne.Menstri.Rsender, Impresugg.Myfratail.Mwolke, Punodes.Adzeper.Com-E, Hemehema.Emamine.Com-M, Eratail.Cahor.Asender, Musonug.Erebug.Gwolke, Empqun.Lasapul.Usender, Reholas.Butturs.Com-S, Tunaspi.Demix.Com-I, Spasi.Odsvi.Isender, Oplay.Oston.Com-O, Zehasom.Mobufo.Msender, Susqua.Bucros.Ssender, Coneta.Tranac.Com-N, Pafabo.Presaut.Psender, Leclunang.Cosotretro.Com-C, Tebonasag.Nofodale.Asender, Tandique.Nanfopa.Com-N, Lacagro.Dedupel.Lsender, Cecosafo.Recin.Com-C, Trelibenam.Tolemas.Twolke, Fisoju.Disodes.Com-I, Anduret.Penyde.Esender, Dojade.Fasyapa.Com-A, Jenesejefe.Faladalit.Fwolke, Dusolason.Fasuoafe.Awolke, Bererrdena.Grararder.Rwolke, Masastaunec.Chaloborre.Com-C, Unanadeson.Dalafi.Com-O, TVinSatelite, Hamystri.Sowoha.Com-A, Lutcavit.Atwisalt.Asender, Cobeso.Besofa.Owolke, Cotabo.Etofa.Asender, Flaflobis.Wistufla.Com-Fla, TuraTura.Viwiplet.Twolke, Chlogama.Guwiple.Gwolke, Cochirodo.Kipascha.Com-I, Foromu.Cobethe.Osender, Pagolovis.Resomu.Com-S, Cobela.Nifutamu.Awolke. Cocurob.Mulowo.Uwolke, Endefomu.Lomupene.Com-Mu,

Tenomus.Enmudrefla.Musender, Endespemus.Mudattea.Com-Mu, Enofmugerspa.Mudiadra.Muwolke, Enosmus.Fiworomu.Com-Mu, Loliheha.Mudoplennon.Esender, Persmomu.Sanessdramu.Com-Mu, Glacomuspe.Bulmuna.Com-Mu, Melimu.Tumuplu.Com-Mu, Remuso.Distumu.Com-Mu, Bulumu.Cofamu.Com-Mu, Comuon.Bethemu.Musender, Necamu.Tuhamu.Muwolke, Neomu.Muneo.Com-Mu, Glablimu.Musafle.Musender, Ahymu.Miltbromu.Com-Mu, Caclomu.Hemupa.Muwolke, Musenim.Flawamu.Com-Mu, Pucmusur.Cracamu.Musender, Rememu.Moumupu.Com-Mu, Furmutu.Abomu.Com-Mu, Gahemamu.Muslilo.Musender, Betexmu.Venamu.Muwolke, Munadru.Bemesenmu.Muwolke, Conconmu.Synstamu.Musender, Gufflamu.Muconva.Asender.Com-Mu, Cumymu.Bamubri.Musender, Shaplamu.Chishamu.Muwolke, Dakamu.Blalemu.Musender, Samemuco.Samemuco.Com-Mu, Norefomu.Lostramu.Com-Mu, Effemudemol.Mutreastla.Com-Mu, Esnodemu.Elsedemu,Muwolke, Tenadermu.Elbetemu.Musender, Estrefolgu.Muniandra.Com-Mu, Tenodesu.Emmoldamu.Com-Mu, Ednobomu.Munibeldra.Musender, Tenobestromu.Elmu.Muwolke, Tenzomu.Senedramu.Com-Mu, Wanenmu.Mullmu.Musender, Tumu.Fenograndestramu.Com-Mu, Endopalbumu.Denomution.Musender, Tinopramumu.Uniandramu.Muwolke, Enetrablestomumumu.Musatter.Musender, Indoplasenmu.Ganiadremu.Muwolke, Musolb.Lapastamu.Com-Mu, Metagammu.Mudiastra.Muwolke, Mudemplet.Musendro.Com-Mu, Ulbumu.Musendro.Com-Mu, Mutembestro.Ilbomu.Musender, Zuzumu.Tenomu.Com-Mu, Udestranamu.Urrermumu.Musender, Etoplamu.Samamuna.Musender, Inopomu.Pallmu.Muwolke,

Mulianda.Mutetelvebeen.Musender, Iddiamu.Ildemu.Com-Mu, Musempeter.Esmomu.Com-Mu, Muselbe.Effomu.Muwolke, Musondro.Famuster.Com-Mu, Tessmu.Sennomu.Musender, Lanisomu.Elbamu.Com-Mu, Temusdro.Musicata.Musender, Endospomu.Musandra.Muwolke, Janomu.Hamusald.Mudiam, Uldemu.Mugondo.Mudiam, Unseplomu.Ensebelmu.Com-Mu, Samarmu.Samarmu.Mudiam, Saldomu.Simugramu.Mudiam, Tenomun.Esdoppmu.Com-Mu, Entemuzand, Ipplassmamu.Mudiam, Amogramun.Dasomuller.Mudiam, Belgamu.Muniandra.Mudiam, Enmullo.Jomusogoll.Mudiam, Enseplamu.Musebongro.Com-Mu, Hehumutan.Relimun.Muwolke, Ammunotan.Camamull.Mudian, Somugegede.Potwimu.Com-Mu, Atafamu.Bamufa.Mudian, Mugare.Huvimu.Mudian, Blusumu.Vivispamu.Com-Mu, Blisuglamu.Pagomu.Com-Mu, Bumunuca.Jablonimu.Muwolke, Caphasnomu.Bunufemu.Musender, Pobyspimu.Sefamu.Mudian, Asiscremu.Phirupamu.Mudian, Wamyfamu.Debokemu.Musender, Pabetlamu.Pusushomu.Mudian, Mihymu.Abmamufa.Muwolke, Mulopono.Flodremu.Mudian, Muaneach.Muhepana.Musender, Abovomu.Acomamu.Mudian, Darumunu.Labefomu.Mudian, Pomidimu.Asadiamu.Muwolke, Bunocamu.Musoglytoo.Mudian, Mesmelamu.Fafulamu.Musender, Hivonemu.Spamudo.Com-Mu, Bajumure.Pleplaymu.Com-Mu, Camymuca.Tihamutu,Mudian, Pagihimu.Safemufa.Mudian, Chishamusha.Haninsmu.Mudian, Coshimushi.Plegremugre.Com-Mu, Fumucomu.Hegimugi.Shagumusha.Com-Mu, Nidromudro.Nedomune.Mwolke, Dodomemu, Imupo.Bodemubo.Samulisa.Imupo, Vidamudu.Sesamusa.Mudian, Chachimut.Luvemuve.Mudian, Haluhamu.Serandmu.Mudian, Pimuhalu.Piccmu.Com-Mu,

Fobamufo.Umemume.Muwolke, Nohemudes.Silmimumi.Musender, Nofomutot.Achmuconot.Musender, Endoplemu.Albasmu.Com-Mu, Diblemu, Glacamu, Oblimu, Ingimu, Midsimu, Losumu, Ganimu, Mostymu, Parismu, Muward, Eldemu, Fostomu, Mellimu, Actimu, Litramu, Hautmu, Emmamu, Mugambamu, Mucrimu, Roremu, Lazimu, Mufault, Hyamu, Servomu, Mugrey, Causemu, Narramu, Freeversemu, Mudesi, Mucova, Instrumu, Domamu, Logimu, Kabumu, Tawidememu, Profimu, Mutitle, Muedit, Unimu, vermudieren, Grubemu, Promu, GararFe, Vraparec, Coprepro, Padega, Badalaca, Dedecobongla, Haschoperzei, Nagavivago, Gesebegonn, Tadietretre, Ninnamonta, Saselespa, Nikofri, Halounfa, Sogegebo, Spaspadoku, Harantabbon, Esalesal, Alti, Zwewovodem, Genäcki, Komauf, Frifigevode, Spezfach, Radamessu, Blüboll, Fawissen, Grogema, Nudevebo, Mikozu, Starro (Staatsrot), Deutsch: Starra, Nomenoma, Vidko (Videokonferenz), Zulasewe, Ridjidfize, Hudramo, Fomosan, Detegewa, Ekascho, Regeng, Briefmu, Nabapro, Ponomoerat, Etneasogondribal, Passnedelbrozian, Esslopendroff, Tasenefagrss, Jadejepolga, Zumonpoldesno, Asnertumionda, Deniplasembre, Zuziponoldert, Ensegrangly, Poniderat, Endospegranlees, Humudengost, Tunipollber, Namesderfragrend, Nanno, Huniderlebogronnderat, Ednedeblopastrall, Esnodedadedidudu, Tunidassmemamemumumu, Chamngsesosasolablall, Hundrajeglong, Assnernopellbomendro, Huniaster, Jeplomasedifdifdif, Zunipolmasensensenn, Prodinidaraplgensdro, Nedelahnesser, Iplonodenasdrat, Numenesdra, Vonegesendroplasemm, Tunipolamesdrona, Unidenerdropass, Besslanoplemerdrola, Duniadralebegenssro, Tuniplamendropla, Unsedebengrogrgro, Arate, Arisuc, Orchastyme, Recisecco, Caponn, Telamparl, Traducontent,

Rythmano, Actiopie, Expocada, Concetut, Mouvecent,
Concebaro, Menugavogavo, Persybiohab, Chacocoura,
Dividevo, Xyloba, Cymbatam, Blockblock, Casaflexa,
Idiocloche, Polailles, Bassol, Bacibelmea, Sonnoci, Membration,
Helitympan, Sensaigu, Sensiction, Audicomp, Presselet,
Consoexpress, Psychotion, Octadent, Idivoice, Barybass,
Fucapa, Triqua, Mutafiction, Rofufofa, Madmarman,
Silencamore, Aritassa, Postdegromis, Isomotrhyt, Symfigura,
Atmosexpresent, Leitsymbole, Lumiclara, Novoconcercara,
Enrecaract, Dimusoso, Recitocor, Tempovalo, Chanstruc,

Bandliander, Mergotenom, Samstadam, Dandliorebom,
Wandgyhuan, Denktibl, Rameschter, Cassiumbernok, Desniolle,
Subgmatt, Wenslabridur, Rotjewsranski, Bolmionranecker,
Setuiatrgelium, Rondialnekutz, Zamberoniask, Danderlegmonn,
Sobsnutruku, Mastakkerziatt, Rolbyugraut, Holvendernetziev,
Savepromongi, Nudealltreblocom, Sogsbymojnaul,
Sonsdradaelbamatt, Dondernegenjerumhubautnik,
Dolmynogromberat, Otsgifadjumenn, Setrepskifurnok,
Autrinelberei, Axiomdernetter, Sernelberatzumunsk,
Dramellerwolbei, Beslemsky, Saunertrübb, Dremerniendolbetj,
Quanimtiformonn, Dramestiasubluk, Druandrodo,
Droblernamess, Vaunatich, Bebniumnolmernamer,
Fossdreinumfornegsiem, Bablyqua, Huonemspeder,
Chamélelliett, Chomarnurmesc, Vuatdodriett, Aupostrum, Alik,
Chetniechichinemse, Baticobruadma, Seblientramaster,
Selbienhuatraup, Selbiendromutju, Selbiendernommer,

Selbienfanotzki, Selbienhuat, Selbiennuadjerlobonsk, Selbienfodrosper, Selnienmiat, Selbienhuarrnomernutsk, Quassernholmata, Hologender, Chuatnersoblossme, Driabnertobernockuz, Kibuferner, Finedremdjerlob, Autrasti, Salamatzernemerst, Dernolbysagswernobrenn, Dernolbytrebeskerhurn, Dernolbysablatz, Dernolbych, Dernolbysernemerr, Dernolbydadretz, Dernolbyfatma, Dernolbycheblomm, Dernolbyaggratz, Dernolbyxuatt, Dernolbyjetrenomm , jenjienere, absitono, tandjiatreb, segsbetmeneme, drialleno, seidjitlub, absbammnuze, suagdreble, fiodjnole, anormistru, agslamondjeve, yappatanuatte, serneblertri, deisnuatskil, xuatranollis, cheniatsernuably, driennsuglutra, sabsnollmietz, fadjernobroze, quatzhudru, ablamsternedji, agsgennuolle, huadjernomertry, djiaddfernelby, asmernotzé, aschnyjué, vuosnoblé, amlisgruen, sedjernablimé, drameskernué, capznillis, luolldernobremme, wernormertomé, sernoldruoms, asfernernia, sadjerberia, selbromeskia, ernobremmiat, drunlernormerhonia, dremlirnioria, segdornertia, dramskisderé, abslomberia, afrenié, sodjertia, drelborneria, reblonnié, sernolbertommia, sernoblerria, sernommeré, werné, drmterhutié, loblerferny, jernontria, sernerria, Amsigonn, Biderella, Stamswonsk, Bidiamlomek, Tamonskyrut, huaddieren, megminoddern, onshatantern, Tansbobgia, Radipadihukk, Sogwenda, Lanseronhaya, Asbyhally, Sondianvertego, Redshernerbyss, Segsliotamm, Vensbinnyherolder, Luangedonsk, sepestieren, vidrualieren, Segsbytedesta, Ronvertnix, Rassalby, Sepsbotenga, vaduiandieren, sobsoydieren, Rotniella, sodiannieren, Biglanderella, Sogliensnik, Rudalom, Sombsihütrek, Vadlanderion, Lubmergalla, Lidiatnix, Sogstutaga, Veztro, laballieren, natruberten, solbealaskieren, Nudrerga, lamacottieren, nordoplatieren, Vensniemaste,

Dudlatubordotremonder, Sotscialottmenordemmer, Dremmisdalab, fernioklernumunderieren, holbeskanneren, falomenneren, Magsometer, elledrem, Hograutas, bagmibolieren, retrellen, Ornesvodensky, horomolieren, egsgybelieren, viatrobaliere,. Mendremmen, Houtschak, Ongsgy, Vortespra, Bamoldy, Ogsdravelomon, -zatsieskiv, Sogsdernepoller, Vongsgylyly, Orneroldy, bebotkybellen, remomgotrabellen, onescabalieren, ontjusevich, olbamsich, valgerdenich, ogslerfonieren, tamelberbesellen, langotrafon, votrafsich, dogliannieren, demoskolennen, schamnsofich, vobernolemsich, faglomordernetotiv, chamolskydomansgernatroppsiv, chomuskanunnen, holwernopreskieren, Fodromesgynobernertabassa, foliefnokosiv, drenomergerich, folglasennen (ich folglasenne, dufolglasennst…), Menertramolsky, Joblernobello, Jomelsgernapaty, blamonskitrieren, falblernomernasiv, dremolgernopoldotrich, Wegliomlocanda, Knochlagbei, Hantrafing, munzucklipiv, steulenrativ, tastlapmessiv, erdrehwellich, gonsganolbernotonamengsiv, formbutallieren, halsatechiv, sernerlogmensich, raumunicosiv, Halgramiwu, ordkloregiv, Nahaumicres, jodskinomerlativ, droberdlanomerativ, gromestennen, dorniwenderidieren, sepslogomongestellen, abmerdonernoromdudrunerlieren, schomenskerativ, abspilomenderich, sesmereldativ, Wongsytrolabast, Wongsydernolmerat, Wongsydonoberam, wongsydunuberell, wongsydamostlerativ, wongsydieren, wongsyabamsatellisch, Wongsywongsy, Sabernotlmynuatlatem, Schemernoterot, Nehmerquantitäten, Welomineron, donersdertoblasta, xualliv, Sengsmiboniom, audatarativ, Ernolbertreblomskernon, Drandreller, kagmysoberich, dernellbodieren, sogsmotrerererennen, samsboldytrumunskativ, Plagremmlonny, huadjatisch, dernkliernennokolbatamensieren (ich dernkliernennokolbatamensiere, du dernkliernennokolbatamensierst …), Asbatmalldransy, setreblomeronisch, dromogropoldomotsornativ, Udjuternekunsch, lagmelleablanderalhallativ, dernobrynutrubelmernoternativ, Samsdernolbernotellok, Hondramoldy, Kloatra, Cassnelobrotov, luarrenernolmernotremnskerisch, banjertegom, Lodviaderniat, Clenestatadjum, Noriensdaj, rebondodoeren, volmernolbidieren, ambanermen, sonsgiativ, lornerfelgorativ, benjeremmieren, sosdernetealativ, ambsyennen, setjemberlotisch, gongeratieren, Bandliommiter, Logvernica, sulberativ, diss, desse, lorneremmerieren, Jaloterdedlo, Tornellstra, dodliotieren, wennergalativ, Bondsniommy, dornetkralativ, Carnegalalem, Fongtrobenn, Holiatoldernecky, Jongalonga, verpollennen, versolgstien, verbollerieren, versponnieren, verglattern, verdommerieren, vertropatzieren, verfonennen, verstronennen, versieglerieren, verprommern, versolbernatrieren, versobernanennen, sombatroposkieren, dernoldernativ, Obernosky, Lagfertropokan, Lernolbernotest, Dremojnertobernater, Quasaternollerix, Robellemkun, vergrotjadadieren, geflögert, odjamanumieren, sernemekelumstratrebeskieren, jondredellen (ich jindradelle, du jandradellst), der Segsmernepolomkutnutku (Berg), fanihanatranisch, dernelgernebolemisch, jujdutreskonisch, Absbergernogloto, Schanellernomerplast, anjerativ, dernegskoterlomerren, blablablerren, Ferneldernotjamolksbertoplan, ugsuajiativ, Bellistik, Demolbernokonolby, Odjatablocker, aujabal, Onaterisitk, Framanjituablan, spellieren, dramdernagolmetalieren, absborgerativ (« wie die Habsurger »), Kodjernoteran, Obsynutkuku, aubasiv, Audikill (noise cancelling), jamandernotsiv, Dernolderkram, Zuzujernias, zulieren, absbynotkerall, Ajnatisnuakmerlan, Hebraja, Ortisnurmen, Quasernopri, Ajnatrecknis, Widremonsky, Lamellernomonsk, Jonjenebrumenis, huattsilli, Sernermoblermol, Antigefdur, huarratisch, komplatarisch, dremensginuovotiv, Abremlodrenatermenon, serderativ, Schableidis, Sanjernomertrov, Dernolockis, verfablemernordieren, vergroberladernoldieren, Drebernerommerkota, dernerlobramessgiv, labrernobrantiv, dornernoleckertolablasisch, Jernofernobremankot, Hadjosofa, sebsinieren, Dramoldertrebold, jotsokolativ, fernormerketisch, Asbanantis, jodernolieren, senennnen, amsbitokolativ, fernorrisch, fetkalativ, Dremontaly, Satjoller, Asmertrabolder, fertrennen, Absolotrabauk, Gernoldernokas, Jajemindernobrant, Deroberkollektiv, ansernoballieren, Jemensky, kaldronapativ, Astrogolett, Sagsdernopondo, Dernobrast, Sallbatoperat, Nogsgy, Traugranit, Sedsweder, Hobbernolott, Dramanjaflonn, Setreoterlobonn, kwastlisch, verfopradrieren, vogslatramanieren, dromestrisch, Hodermaika, Erniotjovoloka, Dremoldernotrimp, Ogswinutjuk, Dremnsta, Draboldinikat, Jobernommerin, Amatrock, Roggarock, Drimbarock, Ortjorock, Lobermastrock, Hunjugwinskyrock, Ulderplarock, Arnolberatrock, Sodsgorock, Frabomkirock, Drumenslarock,Dorbisnopollerrock, Adjadjadjarock, Dromchrock, Xuallarck, Igwaponobsporock, Ernotryrock, Lobernokulumrock, Sabsbernolbyrock, Tremandarock, Scheblembyrock, Udwernogerneitrock, Soblemmrock, Kudurock, Sernerlobramrock, Ertrapanskrock, Fadjenkerrock, Ennyrock, Loblyrock, Fadjadjerrock, Pfaurock, Nejzgemrock, Glautrock, Odderrock, Ymbyrock, fadjamalgarock, Tuarock, Hornollyrock, Absbemblyrock, Hahenarock, Noblemrock, Nuadjirock, Volbermensrock, Corock, Adjarock, Hystericrock, Nuglemmblarock, Nerbenrock, Asmandarock, Nialrock, Leemander, Ladjurock, Peperock,

Ethnorock, Solerrock, Asnadernitrock, Sernogremrock, Gramrock, Westrock (als Genre), Yogarock, Falnarock, Sedlarock, Horserock, Goatrock, Goatjazz, Jajen Jazz, Slashrock (was kommt nach Slash?), Enterrock 8was hat zu Slash geführt?), Rockrock, Tabosarock, Matrosenjazz, Feslyrock, Setralborock, Tanostarock, Semijazz, Semirock, Maratonjazz, Satzorock, Fordjejazz, Foforock, Absamtjazz, Retrojazzrock, Dualrock, Durock, Sanslarock, Pfaurock, Nagarock, Kadjorock, Taperock, Smartrock, Gangstajazz, Hardyrock, Pioneerrock, Astrarock, Astrajazz, Jonarock, Tramrock, Nasterrock, Howlrock, Afnarock, Dramenjorock, Sernobrannrock, Tremsdornerrock, Dodojazz, Xamlajazz, Tetnyjazz, Drahtrock, Matterrock, Folbrarock, Shamarock, Mamarock, Rock mit Mumm, Logorock/Emblarock, Branchrock, Ogerrock (sehr strittig wie das den aussehen sollte), Noserock, Rockjazz, Luxrock, Adalabinotjen, Bebeonatsaka, Dramornierərwong, Quastrallbernelly, Sogsnotromanick, Adjasalbernerer, Lagnomobronitter, Asmalomolgotrabost, Wernafogmoll, Absadarlo, Schemonnerlobranst, Schabjitromernalba, Sagsnomernotrablest, Sabsdonernolbernamongs, Metrabang, Selbernobronofernolby, Sagsgyhuetrajemelbernatt, Sernomernablommretross, Seposifang, Negalomorr, Avnetrudjip, Dernobernomaut, Setsgyleborna, Ernabralby, Sadjopjernomelbat, Nejoblonadolby, Chamogwernotrail, Chechenodrollbat, Chianostralud, Bernolbernobostra, Satralomernofadjatz, Sianomernoldrann, Driaranorgertol, Fernabrisdrenest, Segsjomodernobarmanitt, Safralobernomernonf, Fernorrertrabass, Lübramenerr, Jäsobrernofflod, Ausnertrobodjerlorri, Awernogram, Salobradost, Fadjoralomsty, Astralobolaterna, Sernobradrogolot, Afneschablasternan, Vernomerlobrostja, Dernograboldry, Daj, Lodernochy, Asslaborner, Drelogodrasks, Kasslan,

Ernolbernotodronn, Seschewidd, Velborntolamu, Asjenedroball, Houmanoglonn, Dechimygrant, Asslodaunernofross, Chalobernotrosnoglabudrennst, Chadronsky-Lubula, Abraxanodelback, Dodjolomast, Sedjlenautisch, absbalabernativ, quonerrisch, quotatasky, sernobrelodjonn, Australopotonn, verlogranopodieren, verlanjadumannieren, Sedjemologratst, sagsnieleitmotif, Drelobrondaku, Sebsbenolomatjorn, Dralbornerfegloblodla, Magronitinn, Solbanoby, Albanabottma, Wasterlamm, Ladjasoglotz, Stooltraman, Xuall, verlomontrennen, verabsigieren, verlomitatadadieren, vermodranenen, verfuatsadieren, verlomernodradieren, Derlementasdaja, Sellbernobotmanet, bolemernoparetieren, sedsagolomonennen, Dedernogromatenn, Tadedelololala, Wewesosorara, Lilisernelobrata, Nonotrotrofafa, Dodolulelelaaa, Susuderderjojofaba, Delodelomelameli, Modonofogrolata, Loglofonamast, Unjolobondatoto. Tutututu, Ernomolder, Sosasusasesa, Horoternond, Sedjernoblast, Sesesesese, Kikakokakuka, Ernabernalerna, Droterlobronana, Nununanannoooo, Sernobotratratre, Chezemücke, Zisiflbinott, Humbulognodratt, Selbanonjoglott, Dededede, Dadadadasymph, Namonsgernoflosadrenn, Gegbu, Asaldernatz, Zuorronotragen, Grasdernomoneran, Schablatz, Weltenrogarno, Sasslanermonik, Valnamononk, Sernomernogromm, Quasslenebernodriest, Bernalyvonns, vermoderanieren, veroblerongieren, verlauderlatieren, vernedrasonennen, vertropolgen, verzuandergatzieren, zufologdran, zudornerams, zudernobernograms, zudonjafogronsk, ablatzieren, abernogernoberdieren, absonsgertabieren, abfertrodarieren, ablernoberdotadieren, vertroderdieren, verdogerlotieren, Ansberdoderlobertadenn, Dernodertobromm, Derltzernoberma, Absbylogrender, Anjatadahuarieren, Berlodrennst, Duonderlabamm, Setzgolwydundra, Ochnerjodrommbrenn,

Olwernobernogromsby, Yadranderlann, Sedjinugromberlatz,Udwonderonnlagranst, Dedlysomsgernatz, Abslantramodj, verbomodieren, verlodraminieren, verjodranatadieren, verjodrasobodieren, verdamogradieren, chebrinennen, Cudrolosanadernann, vertodremongernatrieren, verlodrinafennen, versogatredieren, sasberennen, sanstadennen, balodranodorten, bebranserten, olsbraten, valanotedennen, verdobraneternen, Ladjudeo, Aglüronn, Asmatablot, Terdo-Olok, Bassnergronn, austadelen, vegotzodieren, Gaslidronn, Absbatakomm, Medjorner, Alsbatsom, Albatrikodro, Laladrasgort, Lalchalele, Tudotudotudo, Abelelele, Ordronagroff, Gradsibala, Hahsetroff, Albernadritz, Daderaufatritt, Dehmergrodrolo, Uagnalasom, Betzirevender, Natrograditz, Luarrendarren, Sedjiritrott, verholberdieren, veragradennen, verlobrtzieren, verdernennen, begrobratisch, luorronisch, sebrondratisch, roflantisch, kareativ, trebleritisch, dranoserennen, Obsuadatra, Rederlobogly, Otrualorbernott, Djedje Rock, Absalomonderanterlatz, Suadjanobrenn, cherlomernotrativ, osniatrabativ, Orleanderlot, Sodlanogry, verlomerieren, verfodronennen, Klabromderla, zephologieren, fadralotterativ, Absernogratly, Dernobernatsernogrenn, verpalgernodieren, veriblernadieren, vergrodjernotrernennen, Gradralomm, Dernoberlotz, Schabramatern, weilaberdieren, Desniatroglonn, Dernobernadrann, Fadjalortanotiv, Fifififi, Fafafafa, Lolololo, Datdatdada, Sesosasu, Didolatu, Ermogrernotan, Schandralosternoma, Ernoderlofam, Mifadernofa, Denomernode, Vinobernifi, Drenimodjoni, Asbatlodernlo, Ernomerlatrobola, Sernerfidreberfi, Asterobollage, Zettelpflicht, Sagsnadramy, Gernoberondromin, Absbelornerkont, Alwandergronja, Luassnerdronn, Lobernogrimbula, Huadjalaffnerdratt, Dernoberlobrnja, Huadalebernondris, Dernobermogerneronn, Juadjilabratz,

Essnobernogrott, Fernomerlogrendry, Yadrangroutz, Diederlebernonn, Suadjalabrant, Gefelbernola, Lasodernola, Fegrombrynafe, Diseblernerdy, Asnerlobernogratmy, Ensberdernogro, Asberlodrommmer, Edsonodon, Auberlodrin, Batsiblema, Fenlakling, Offotü, Lablaview, Ansdaloglonn, Manumoda, Euncherfitz, Albadelbago, Seneisla, Noisabluda, Esgemonia, geslabradieren, Heuressler, Asvalodrany, Etsiemarriff, Balalolala, Tebeloglele, Osnialabernerot, Udchergly, Aslabranderanderinn, Fedornorat-Sigwie, Chebernogretz, Schlodernugrut, Sanilerbie, Oairnadernat, Chüblervoccon, verlondernogrieren, verabernatieren, verdorberlodennen, Sheilaktik, Tocoscala, Blumbarbier, Blessiconn, Ansglotta, Albanakodonds, Leunervegio, osbinubarchig, Alsbanoberan, Hedegrom, Olviantik, Viapildran, Besinender, Beelenerfee, Fagsiom, Fundaladjorno, Esmeaudralik, Diafabaron, Olslabadon, Huchnergritt, Ovondogramm, Huadjochnik, Gernovagraut, Absbyritorion, Lesmondragrovit, Ruadjahabram, Ambraminuttuktu, Uadchenebene, Haudjanatoris, Viandernatcom, Bodjermodjarorodjer, Netiemudja, Jospomerlodron, Hienjimulah, Vodjolobasmat, Vesslyruad, verlebennen, verziegrieren, verlamonostrieren, vernodibennen, audazieren, Suably, Ritsbylodrom, ruadjadieren, Televoccon, Nanseckerdrama, Highslelotze, Technodogly, vespernadorro, udjerlativ, Fenderlotock, Gibsodronn, Schanackerlatamm, Dernoderlobrotary, Schumonztyrubber, Selbernotorro, Samsbernodraht, Devolovolode, Sanudunudusa, Tefollofollte, Enbofobofone, Vasususususufa, Nodetidietina, Cheholmoholmoche, Absbadocrisidjiniclabrenmernogrentishuadsernobernotocraleber nosternodurnuhuncherfeglibornostolobernojasmondergrandurnuf elboluadsernitsidernisterlobernoberhudsafernogrembornertlalilull odernovlebnomendergrandraternofoglofuadsertunermogrombalo bondernomergronn, Tedlofernoberufludsamitayvetrebernerujnede rnoberlogranterdestiamemefelobernotrambinsky, Daudysoblojejenoflotemendstarfunasebernoderlofranterhuslihans ernertobernogrendoudweladorenerjojudernotroblinjomasternufge rnostrelobernomosterhidjiplan, Dernobrikinolstermoslamrafernombratsifendrinskyfabulachemon iblidernofernumasterneblast, Sagsilobernoterkamodjiviatnodadadareberlokombernutdudufefle rnoba, verlobernatdaiersnogermoberlatbradoderlogrevotzkinunudestian usterlobernotrodrebolderieren, vernobratodernogrerdestllabramandervodotlaqueneveneflabatzier en, Nadernobalmoternadadernobrertodernolaflulluschest, Valmodernobramonderlatgrenotiemdlabostniafelobermanndenni en, Asmegluotscherlanvoglodernobermatradiernentiess, Asslomotklumonedafi, Xuadchanebernobradieren, verlobrodortissen, vergraudratzieren, Esmieneleke, Ausdernobernalobernakrodrofudjulabutzie, Wernekendertubornerdolutz, Chabrimnolfertodornerlagrudsutzrick, Sabslamonternogrodrerzubramstuck, Ernertudasererere, Widrenfufuselbanodernatz, Ernobernofornofugjuagjebandli, Gliebernatz, Telvivofon, Dorcindurcindarcin, Eddistelmanaus, Maschiedraht, Ernofon, Chablatzdicta, Brasslerdornomerat, Rautrarautra, Denobriedulbernoglotz, Telegenagree, Faseffecnet, Fulbunodrohalbanener, Vodrotabratabravodro, Sesesesenogrom, Ventilakzept, Chamerchamber, Dunjowolter, Sabrasabanetko, Schemandergra, Orgaview, Compalogramm, Hiadjaselnonderlatz, Bornernoderlagromy, Dondjerlochny, Seeblattschimmer, Creamoun, Lavdonna, Sobernogradrentzky, verlaudernatallieren, vernodranslagieren, versubernodrofskieren, verhudjazennen, chamalativ, Fernbrostra, Fernheim, cholbynaustrachodieren, alsbodogieren, Pogoschleifenband,, atimegavadieren, Bresmenscholastik, Igbrytochian, oudalagieren, tryptichonnieren, esnorme, Aszeasze, Nadafilby, Asnoslobranernat, Cheoderoff, Angsbaolabornerat, Eschieberner, Toglacedror, Besleferneroti, Huallvetornecon, Besslebeornodelly, Fatjabaslomueron, Hesnevelgolet, Alsbychaéautang, Jasparnestrinball, Nelvenitokro, Nasberleberoderong, Dodernoberschlaschla, Sabslobernoterodry, Fatzilobernomein, Druhipre, Souke, Ajusca, Siracui, Compladeo, Centagla, Noymesou, Premicipa, Tabahaque, Cerociver, Melgachacha, Laicoaspelait, Ingraredumelmel, Recpermeinvi, Fouajujusca, Biagibobo, Ladunvabe, Facentenatu, Lesoparaexo, Intipropens, Montrapoupou, Univomatero, Enepofuredo, Convitouvralia, Paralian, Existedeodromit, Voynosexpeca, Provchadernoby, Codepropar, Respitadrolbans, Seaseotrolbats, Impachaco, Autsybra, Aticuanachy, Vetchiernleblanto, vernoderschieren, Asslabatona, Wersremnaton, asslieren, navoladodarsvergieren, Albanoteron, Srungvernienne, Onsdergetlober Rock, Kuantra Rock, Elsbyndergesselberronn, Onsdiguaheem, Tornberrot, Seberlegweder, Huandarly, Esdoglatrete, Chablamstaruad, Rellysnenser, Chebertodlernabremm, Dernoderjanat, Schaberlomertrabant, Xuall, verhusslerieren, Edaglamonslabat, Dernoberhunsslertrovo, Hensienlesbamy, Brashatualder, Deslemeniem, Datandenlapa, Destemonpapingy, Travanspadjany, Ledaochlertuada, Balibabuum, Nudolafromo, Esniapy, Osslubuerda, Nolberschar, Todreslu, Sensieneristik, Rolanchy, Netgranik, Tesanostolagruunt, Albasterotik, Nabiemlalunu, Eslorydronop, Dedeca, Sangralbuatau, Oslylubchot, Deplomogron, Nosterbotomber, Eslourogrondra, Auchologresma, Hodjologry, Nadiemsuon, Healalochesta,

Manutlernograu, Puollamajl, Frifridose, Zendatepler,
Olmangryluana, Aslacabe, Natriodeveldercom, Baajicuam,
Esleboloster, Traunivucupid, Solderfenz, Tatsolomatei,
Salbernesdrolaut, Schenjiz, Slomondercalian, Temodermata,
Lesbonogrodla, Sebenjomien, Snanveglei, Tripioncucheld,
Hasbynugrelldamit, Haudj, Elvernamala, Natello,
Vedjolnernogramm, Solbatemin, Nensgacko, Kalberterpenie,
Padorlebrat, Seadrebansly, Melanderfoul. Fagsioduplox,
Esnendaplogoootz, Schemoldernograpleist, Eslomaploba,
Chiaraastrona, Dreblonhalband, Fernolebron, Gramanilabatt,
Hedgolobromantik, Sablanobronner, Ferstolberonjablat,
Dernobernogrommbalda, Dostimuggrudterulbum,
Stadrematrofolchick, Sobrenomondera, Atralomonsernafonjalby,
Volbernamengrant, Hadjasoplosterann, Dernobrommbatulkut,
Kulbernobrenn, Dramanstkigerbot, Aschanamondernal,
Vernobremmhuann, Faldjasernobermatroglant, Dernetscavangi,
Cavernolbynn, Yanjasernobrelbut, Dernedertablet,
Ernogralbotcha, Choratumundersanf, Fadselominu,
Sernoberlalamenn, Sadsternobermat, Dernobralbyschamalt,
Ernomerfostamit, Jablomerdernobrast, Ernerholgoteranspalmy,
Osiokomatla, Asbalebonerit, Dnadjahmgeronn,
Schebondermatzutt, Sagijugafamit, Sernerlobondermadjornerat,
Klamanifebondernot, Schebertodernodernmatt, Aslafenomener,
Flamansternubrungruy, Schabernogronderlamentossi,
Derlonermagrameldervanvan, Dernoberlogrotnervuplar,
Chamendervulfernon, Felpanumeristik, Aslamenderobernamm,
Schelernodernograttelba, Quernomerdernobermastanderny,
Quapli, Vernonheranderoblotalbatt, Padlernogrondertabb,
Schamendertolbernogromm, Dernofernogrottla, Efornereu,
Sattlernobromchap, Schedoppfalbest,
Sernernogrondermolandernatramm, Eslernewenup, Datlerpasern,
Edloperfenu, Dernoplasmagroton, Esnornerlabramty,

Gramaldernoprout, Schebernofelyelerjast, Jastaernoterolmann, Notredolbappler, Volpanodernoldernatrat, Dernolbernogrommderplastry, Oslanobernograpp, Gladernettzumulderpischlawick, Dernodernogrommderplasternoberutu, Dernoberlabernogratlapu, Dernofleroplasertog, Graplitifernoermosterjobrast, Ernodernofralpaternopam, Ernodertalsternodrenn, Vastanedoplott, Ernodlernotrollt, Plausamastaan, Ernolderplerutrut, Ernucheplasmey, Trumoldertraply, Glasnimeplast, Zernollernodernoplamm, Glatzonerhablastehr, Dernolmernogronderhalbatserny, Dofplagetrenus, Chamenderlaplonny, Lotzernumafflaplist, Erumernoderolpatremundernuh, Fernolpieriesternadernuh, Ernumruhfafetatenulbann, Ernodernoblastanuderplatz, Auslboatamada, verasplizieren, Damernodratau, vergranerren, vertramuplasen, verglublanennen, Plasologratunmat, Erstoldernoflatutu, Chablamesternodrolamat, Dernogerolberazzi, Felbondernuchernodro, Dernoberlomandernatram, Selbernofflosamplaza, Fairdedofosslonamonderat, Warnoddernogrotzohalbamat, Darnildifulberncher, Fuplazazazaza, Bendurmeroldernabrat, Brapalafunanchamali, Dernoldernuprutker, Esnodernutzusenene, verlodernogermattieren, verflanabernodermatieren, vertonerdolpessieren, Dranaplsatzununder, Paslabenu, Dessteplauscharom, Passnerjaplastik, Feilchistik, Ernodernaplanaska, Tranaskapalsat, Tranapluto, Triebernestodor, Traslanerfelbernaplat, Glabansdermonerat, Chemenchifufuldernagrootz, Tranaloplotadau, Googler, Gatiamnovensla, Glapuntrastolva, Hiedchschlansky, Dernoberlaubadam, Sterlernostaratt, Sanslaplazinta, Tumanoselbann, Schomernozentrik, Sernalansalfallaminy, Plausableizelanz, Emotatienograntik, Esnervofalsentern,

Schablasterfodronsolagernatz, Dernoberjamansterny, Desnaloplamit, Aplegloberner, Upplertaudau, Isnernogrenz, Jadernorensela, Hatzientergrofot, Dranesslogrofatat, Asnyatnitrumulut, Usnuafolnatrik, Dramsplazergorik, Truanatdernesterlobalornit, Danslaplumstels, Snamullen, Sensernodolnoziv, Nauaschanlatit, Druanslagleplomerstu, Dunolvomomu, Natalatremontrik, Dernogratdestemenz, Draunlavollfanz, ergromovieren, onglazerrieren, Jesonderlobramatent, Senobernopluofle, Ernodrangalverezelbat, Plamankybualla, Fernondernogrizanetrik, Zuzufifi, Asnadaplenerlemm, Raunzavolpaft, Chenonzendik, Guevavonoplaernondra, Guasslinuzelbondermansch, Jeunosdonerloflono, Dernozerhinjan, Uanlabelnensy, Casmalonia, Che Che Komplex, Esbienatoka, Osnalonder, Esgievomsatask, Lesmiatbutlusee, Palvalabaster, Telviet Intiem, Solsdavobranslabaat, Saporitsitker, Aphorollfaap, Tansiembonjuhuande, Setsolbernotkemenko, Satstennnervalaat, Sessienniatt, Sagslomonok, Telbalofon, Planalaplana, Tegiotrau, Traminintollo, Sensernatlaap, Eichbikei, Crimansanlakala, Tansernil, Vetlokombami, Nadiemlogranaat, Kansania, Ernolberomterbromm, Hauterlaubautertata, Timriproblematik, Colbarneramy, Moutalubrannanas, Ansagraploplo, Südazeizeizei, Volmantranogrogrogo, Belmondernodernokrat, Dagsgyluatt, Nempleblamergsu, Simslerlibretto, Itflanderpramsgrem, Telmernolvetla, Sorositzgruppe, Schremensberat, Lagvolder, Trujinplaschü, Salbernedervagraan, Owaanznaich, Plamolunsernitt, Denoplanubanuba, Ertzenslernagritt, Blemornergutrau, Schemenzia, Trablounernenata, Chalfeyliadda, Ausnalomengromitz, Sernertrutratro, Drenegliasulferrech, Bernglatraba, Soupsouphuldau, Xelbernebrutralaulied, Songgorogoo, Ernaudersalvietz, Bärsalz, Trenoderublautaas, Tagliatabamaat,

Zuzengra, Tordeneploblamotokit, Plaugchunecker, Asomentrebelelnz, Trasslernauderlack, Dernotronalala, Volbernodernugrach, Jalopsesesese, Autarlodernot, Beblejenemen, Autarnobromchick, Sernodernoternobramost, Eidalapleister, Dernononlautzich, Sernoldertablatt, Schamolbysuttramastik, Dernolservegleetz, Tausaanlobjottmy, Ausdernogrendo, Dernofatzfaatz, Chamellernauplesch, Idlobonomertrau, Ernodervogrondernatalb, Avtoutcascas, Contmetoxi, Protaifram, Pombranboi, Succpoiensu, Oratameronda, Analaimac, Toucetformly, Larecitpom, Acceloga, Indiverde, Cobstavoivoi, Instruco, Appripro, Pronopra, Consesacti, Endzufina, Abandoabsen, Souinterac, Furmesuphy, Parpluperso, Decousouvi, Poucroy, Benprovo, Ouceje, Aujundisnulb, Exprefa, Shadodo, Pluplaplu, Capcharora, Miraimpro, Nusasuvusa, Pausexpo, Recorecovibral, Grasounotatra, Apaldenslem, Relobetrona, Jechanvifi, Surnavoy, Digsysaau, Ouvratravino, Seinchalmuny, Pefrasusanlamatz, Logasenodra, Lichnanzelbot, Resurprobedy, Comotramon, Trasondranutbu, Plaphynusam, Facultisimberon, Uanfernoldryn, Contrarosandra, Tousecuritas, Proproseman, Presinstra, Agichamala, Jedehunis, Confisamaat, Muspemaco, Acouspir, Accebefajam, Meninudran, Avgunodrian, Fibcutili, Lavrairora, Bipluta, Varjacoma, Soulicerenen, Plubudalemo, Lalisau, Daledess, Pelepechata, Sasadepe, Cucolere, Fofusede, Cefecolepla, Lairejuladu, Metaumipachi, Immacedufupeli, Oludalbumere, Abcainconesta, Cunepladi, Puduprfrucodebo, Celadalasci, Lebicarilen, Velelatileju, Daledesetco, Blabatressasi, Ledepolebla, Lafachanautas, Onlutusufa, Impodecheladeco, Vilopeme, Comocalamatass, Recotodavenol, Plajoetfama, Lebaetlecon, Pusdeseco, Preletajast, Lefraffiavo, Ilentromabaculepo, Exmarapogon, Defrulapasetre, Lemetoque, Metamatevip, Conferatrablomahst, Savayatenta, Lesanaglajupo,

Occuleblaludo, Polenodramaask, Nedoplanumuust, Lafaglotruspect, Peplalefrapa, Judecesarpraast, Malongrapruhfech, Centrafogressoolst, Ladudupela, Masonle, Depludetau, Etpanofajaal, Depudratrany, Pludouquelesnatrack, Ledesydelimm, Mitaxybraam, Affilebetrougs, Melepladelstruch, Effemonab, Bünastreber, Mitunanz, Instacamdenz, Gelgonatrum, Rogiganaba, Sversteh, Dennieznmia, Icomitba, Fidanala, Imodran, Lautkaderno, Ensietrunistik, Ausangaba, Dynagnosta, Liehomidas, Somibetamkli, Vernadralog, Sidispekloboja, Endabytuner, Dentrotremja, Influx, Outflux, Schagenamy, Akricolor, Modifam, Notwesinabam, Begapockla, Levertrmuun, Sapgezefuhn, Osungrudjamly, Rebandafa, Highlodikla, Ariubabü, Seydunmoma, Bamavodo, schowaspienen, Baushowadizu, Nabetpallun, Eisnbejan (Ein Bejahen hat sich so bewährt, dass man weitere Wörter damit bilden sollte – Sinn unklar), Nahetpallun, Bloggemüt, Mesgewilge, Begriffsynopsis, Hopolamürt, Anoandappe, Wesdiefuso, Improvemult, Mitavijuzenz, Chezenatrunder, Jedamaspa, Ambratramik, Wiewetraschu, Anwesupabu, Aufzunosü, Baberste, Quatung, Lidietinners, Alphomika, Givadima, Plöklitech, Sysatarbe, Achvitenlau, Verensigna, Anpalevim, Authesalsda, Metomafav, Wafairendraan, Misatto, Planudy, Jansopauser, Cavaushar, Megetramon, Zweta, Mukrestraume, Dabedremo, Tevewitea, Aiplubetopla, Beliefabes, Rumasit, Viralteleskop, Dowibesaus, Mujelon, Hihamide, Bensomattev, Efnutrabold, Makemimi, Zewadolmuun,Telstepausaan, Somigumi, Unistoche, Pobuschla, Wafestuste, Klatrosengla, Zuvahimu, Pifloglaga, Albuwe, Clocrecre, Bacrezwami, Refrapol, Chorupol, Getatasamira, Voradasi, Dubradasde, Dasimemesida, Hacalinstral, Sehaumma, Wimusope, Strudires, Dezwivewe, Magehaba, Gekodofü, Tonabnund, Pedredath, Susjablu, Abnanatrust, Exlonexlo,

Kodunen, Abrezetuh, Schetralsvenun, Tedemeinai, Kriprogumu, Hablutallma, Gifadraas, Zwevomifu, Mapodafu, Pikodessar, Lechbluges, Sabritrufuhasaan, Tadaserähn, Aumetitra, Gregelso, Uzeju, Fothosofo, Stanugrece, Sinudessol, Bofünodro, Soltongitt, Jopemiso, Rowanikla, Rerosofe, Tafesaber, Pomusolserdan, Divatüb, Daslusdy, Degusai, Pichapla, Mitumdesma, Wenlaina, Cumotonsin, Spulderspurea, Korerque, Lawenide, Esgigro, Dadasinnual, Auderverla, Esisnanza, Cefernadit, Maludernul, Somabesi, Gratadü, Isnodesfor, Inwehöny, Eide, Clevernugget, Gisodoma, Spamals, Secruste, Oida, Mekoton, Satesaiab, Legederren, Hastezu, Sazibiso, Grikokroki, Aporrud, Udemalt, Modesam, Dechemzafet, Audummagliz, Diefonagut, Bukündy, Esislabraan, Zeslaba, Taygi, Ohdazuco, Diemaderne, Dieläwu, Conund, Dielofanatull, Vilskla, Malobajil, Dellachosen, Ersdaberdudi, Beznukolan, Eintofon, Gnolbiot, Clebeccedu, Jamigunu, Stabosine, Depredetralan, Insbetrolderst, Steifinamu, Dyfephon, Vissomilitras, Wiraumidsi, Bassermö, Verweersalbatt, Humfuqual, Jederstjena, Weretaschier, Rumamedigoll, Nupenjevan, Isrewego, Unrulibere, Tedsi, Ersechonsy, Niguinserry, Fifauladraan, Mischniguwe, Sadrerphoroon, Klasdernasbraat, Ellerweg, Zuzunamonserrren, Jujadudanunawuwa, Esslaanverberonn, Paledranut, Ersalnunoomer, Olpesyndrom, Bozasednag, Nahvevei, Darrenology, Mysubb, Hochedlänn, Söbbyluglut, Gersybranst, Asslomonderweg, Sesslieds, Chamertatapp, Semosternodensiem, Labonderfasslom, Glasutobs, Absernedernodammin, Chaplastersteller, Schesonsernoderlablock, Dernunzigibly, Axterbasslam, Tremonsernubyt, Gramallydabong, Astermanschaan, Etslahunjot, Jopennerdrascon, Erstamernobenssly, Ertondla, Zuzunogrumufu, Dernosternobermaat, Halsginse, Jabonnerdolveen,

Termonsternuju, Sugrimihast, Scholbumotik, Ernolmaats, Dastojanis, Etronoffer, Erstolbernagraam, Chalvinsgy, Tasby, Ernostesebese, Anseddlamunguut, Zugranszalvaat, Ternograffit, Esdensischlobrotad, Ensdanolbum, Pallomjugerner, Pernadryfadonn, Ernelberdasgeti, Bassnamast, Trobeslonalphan, Undrarenin, Denderasgahn, Cadostiself, Stofah, Endasginvulmett, Chobernogrally, Schebeerhunesta, Quireggek, Tassnonjaslah, Esbellerdoost, Chagri-Chagrü, Tonsevundesto, Sohotrash, Guxuxuxux, Nasdernico, Gendernita, Opharlala, Symforyou, Vasslernogrootz, Undernobernist, Weconhuchne, Sernobrahm, Kauderfau, Tolmennernesgeroot, Tojelbysuns, Vernoster, Feecanti, Donslaumbessec, Herstolbaat, Nojestergonst, Inkako, Astremitzunser, Vonnerogs, Ohtesplubran, Schanveldernoost, Bernobrotessl, Zullemober, Balboa Rock, Artmedea, Ychiennes, Jamsgernovot, Staccotanis, Mudension, Zubernervotravy, Senslamana, Erdonnisnugellbanis, Zujenner, Sestamadolls, Esternogralbonis, Naselmisgufft, Leidchemy, Plaschternodrot, Wedanuglut, Hernodovon, Astelbernass, Himmelplakea, Himmelchiffree, Himmelglut, destenatieren, gratelbesnen, chabanstodernennen, asblanieren, verdotennen, Dernobelsby, Azbazocker, Denservaglat, Passmydoron, Legsdamotennes, Gessnerdelnodchen, Gadenhumut, Kosbelmoderness, hosmandetieren, Melodyn, Madsamestomico, Emsbinosko, Ochernusmess, Albemisvons, Asbanasdernut, Ugwernesderren, Tosternodelmat, Ennervonschellnis, Asmanidomestico, Helbenostalfat, Onslamahem, Deweinegu, Esbolnernoff, Moffplagiat, Honesslamastermis, Ernofglomens, Jajadodo, Elnommdaskaan, Hagazalyse, Tomensderalbamstunn, Tomatimoteme, Elnosnagrathis, Gibarre, Endomoscopanne, Asnemis Rock, Esmer Rock, Wansgonbalaat, Ernobosslopfahn, Sennlassduut, Ernoslalagu, Lobenabeumstecke,

Enosmernodernowolgernatsuudrummlernegospache,, Joplennerdogrobalsaat, Baschniuaya, Segsrogom, Tellbytell, Esnederragellem, Asnaldamskyhuonjot, Enosnamsensarre, Plachensdosmenica, Tasbonderlagelphat, Undrengpocho, Guedjogolphonis, Toplansdesedesedese, Yansenhuomong, Cilebelle, intasenenten, Fonetroposernost, Zunegserphagrea, Oschaskazuby, Uplensernoost, Joplanajasedrant, Porstalbapafge, Ernumostanapalag, Tonesdernugenner, Opellenvogrann, Fusganomechny, Kalbenychunut, Asnendancka, Opledjununut, Ernosemsdapholby, Tochennerphags, Insdynobestar, zuglerennen, Esmaldapalbon, Wesgnamanahu, Handreen, Esnopansky, Jazentevogemy, Hahnonnernaseeb, tasnebsobesser, Nesdeengoallah, Zahdote, Eplaasdossen, Hunganaustall, Jelbanyhuost, Lebonnernoen, Tonellervasgebsty, Naporogar, Nansegelmahn, Cofdelbanaman, Eksifeksinamblatt, Guildesbass, Signajeja, Liglajasse, Gesakläkir, Nözediemy, Pretumic, Gerrataslansang, Effegasnobens, Erklänäson, Abbeseplomast, Fuwihareas, Syncosync, Immagibe, Kosamirrer, Nudaunt, Diegagroso, Magefuwa, Niedesont, Kreaddin, Rälojefla, Neupogebra, Tonbot, vermasenieren, Genureso, Vodekricoro, Rienunokle, Wasomada, Doköihreu, Sosprisiedu, Themanienu, verbeverdieren, Daglesenato, Klaferbeda, Leibaguge, Smasibisogno, Deprodadem, Ofütev, Audifloskel, Sacabefa, Doremely, Pososuhr, Woshowosho, Fustomer, Toclasusta, Biedaschla, Deffügribru, Mestremifa, Esmeliememo, Tesbatona, Tobra, Ciger, Bolmecker, Holwantany, Ogstelemast, Esolnerdosogerninst, Aswestonomerau, Schaholbunouser, verlopernangen, Schenosomabralbana, Schizomusik, Schizonemast, Schizonuglunst, Schizovenalabat, Schizoakkord, Schizoskizze, semerelbadieren, Tenedobollstenist, Paraandronaut, Parasofa, Paraextrem, Sedlopameloberot, Sododo , Askeniker, Guitaskot, Solvenstamalban, Cheboremondachalmy,

Yadchalvongo, Rasaditge, Diestscholnagra, Holosahst, Enostemenang, Sengpopla, Salmonaderot, Ogsgenovozaschaan, vernobadieren, Esnetzelobbast, Schonastalagrazaan, Nietzygulewonn, Sogstamascht, Salmennasoberny, Dondalobronnerschlog, Trebondenstrrlatt, zusenestieren, Iagnomesternoschnala, Selbanchovozieren, Ernostamahamla, Karenzysuster, enosbamatzieren, Dernosalfenga, Sestomolock, Dernosabalgan, schablonieren, erstabazieren, Donstalgaronn, Cheblamuscu, Ernosternogrot, Jajonumunu, Zazolphanastamplast, Phonofelbereht, Danslopazaentris, Yalnadosterogerenst, Ensetramalublu, Tenastamakat, Zozanoplaunaff, Blenomerausdaraan, benomarren, nomestezieren, mulvonozieren, brabakommuzieren, Hasnadernofflamang, Chebonsteratladreng, Sasternoplausterenn, Nemmzulogodadent, Mommsafout, Vemottlasoberno, Mamertalsafugunt, Jutubephau, Nasternodensengeraht, Blaschentisnuldennsty, Riparestik, Firedecojoujou, Logotablat, Imastakon, Dernodernatrumer, Namglavensternong, Loglanummferris, Laudanstvernobernatris, Hebranovogran, Fafaollbanaretrolber, Stansynoplott, Denseglazorran, Cosolbynestlaugraat, Sasslerpugern, Hesauskalpromm, Sonsdanugerris, Schalbenygronn, Neslavogerren, Asnenisoderrent, Schanlabazolbat, Senslefegronn, Daslygrazomm, Schahvedanoso, Rasberfegeroll, Sonslazuberrer, Schanispapalaya, Sesslernoberris, Sachnozamat, Pramisgagzom, Sabanaberry, Honstacalblau, Setzlervenegerra, Salmenisduderchon, Papelogesta, Besmianda Labazenti Osmia, Nicalanenga Mazeratt Assolto, Sosciam navagadam, Nesbenna, Sochoveletan Nacemenger Cogozu, Sisnolombra Navameder Satzlobby, Usteratt Madsolbacheldy Usgagaan, Vesniet Blachorny Phatsolbiana, Nastramendi ugermovollah Hatzengerdraan, Samenty Igvena Nalabatzollvamaatz, Chamony

Hudchervorroh Osgfaatzaat, Schattenja lamentiviny Sossgonableum, Homenico Chrichrichri Asberalt, Sansglamander Esnovodonn Hunchis, Janerplags Gerendervolt Donumbullu, Assdernobernaventz Rabesslernomm Hundernogorott, Schuddahamala Esnomsertrom Hasbeneke, Semernofoldrazonn Juanaderren Olvotaronga, Chamensterpomm Gransernudrull Valbahonnoco, Hühnchellis Übütütü Semoldernö, Assnerfalgoma Semestrada Asgelnigron, Hobomasdronn Foloataka Ernawescht, Busdernogerry Usbernoldo Fasslynuun. Übsgy Gügsy Übsgy, Jamenderloberronn Schammlatzonn Esnerrerphoon, Hegliom Bombakamak, Tasnes Indrogses Vacalatal, Dinsen Bemtamenko, Koldehalde Vas, Tresvesne Imbadio, Kündür Metwadlek, Ansgalli Amgrowder, Ziritka Zafolis, Kunodutku Kambander, Vevittk Koreaster Venglebortans, Humgre Kenogliana, Amsbrutt Coluvatkai, Bellvessle Reglaudalai, Horrs Mobrabait, Disslen Neliornassi, Nis Magegege, Babustri Didiom, Magenenska Martolkelka, Wadererderum Biügs, Inwondschi Lelletelle, Tonskati Begsoisti, Framban Kondella, Togswenska Djuklis, Lagswowski Kaskaletty, Dosketelia Dangommer, Chagoglui Quanelott, Ugwafa Fabrelle-elle, Dsetky Donnetramy, Ugois Ullepulledulle, Baskolls Codervennoille, Abescalogly Angosnant, Bamberergoll, Magriana Donmolant, Eugsuvenja, Trobello Pomjois, Parengerres Fünjizo, Umlerti Bodonja, Tontoisk Vügg, Künte Bünte, Bollogoi Udealobrell, Merdois Vesquille, Zikadita Dorre, Vemoin Desquolla, Iroper Dondondapon, Mimonojis Besegerny, Langdrang Söve, Tamirry Gondorweter, Bremssquad Diapibidy, Tobowalla Pja, Periduallo Condondrilla, Dafgontis Basperry, Perex Vogvony, Andelbandi Magleta, Getreidekolben, Merriataba Relletelle, Moguenico Antlitz, Tellerbaum Andorroba, Geweder Jeskolotti, Che Grisky, Condramon Dormeskorry, Cist Teglemmi, Vomge Donge,

Gandelleron Hunviosa, Gosce Glamorrorer, Rithualaugolon, Vonsge Papoloper, Sosge Toddy, Kverr Dlaglamsga, Ganje Intrigitta, Besmy Arascalu, Zvirr Heuroskoly, Almengy Endrer, Lolfesme Dalansty, Inodi Golme, Meuj Jepescater, Onlega Casme, Cholegla Bausurt, Lolgulu Dogmitoria, Hornestamy, Vermoinyun Betqualla, Tropera Dondondondon, Numojois Beseger, Lamcaurre Ternosauve, Diapidir, Negvader Coisulde, Tilcontis Bespara, Nogvonn Amsodriat, Killpoet, Torbanjabalattelacollium, Haglio Ulgulotte, Vesglenst Cadmi, Ondugry Vimellomello, Amesgro Complesly, Ypseglercer Tamtong, Djally Stanermello, Cosgmir Vavacabapalca, Cherideron, Artchoronlobaskon, Cofetere Magisstall, Vesniata Chalocoscatern, Washvala, Sollbometer, Tosgutemesgiata, Clajnis Chermotiker, Brascontum Maltamondea, Cesmebren, Tanglavan Catvogy, Harmescon Cotrodrall, Legsio Collbitandrum, Stelna Cabla, Darry Tjuria, Caton Cobrian, Bamdrigon Metertiss, Indeo Disaurtyvague, Anasturitavia Amseaves, Thumbenling, Megleron Tonsbis, Kipfi Mipli, Ongreda Baffaniana, Cerrmensua Zediaplawek, Velles Etion, Dovelga Bameshordiga, Talomiska Tediemm, Kovonsky Emasdiana, Impeshio Basuchu, Hadegaddy Huscuaolon, Opmenger Tebesca, Iavorre Kusmaca, Bremisten Benguirra, Andamm Plasgue, Tibio Tumurr, Gosgaly Handdaug, Alaca Tso, Cablamy Barutecer, Cioc Cadum, Sensuvich Irgudly, Entetene Mensmon, Nensiah Cabaubu, Hotcio Vesureden, Shernioc Blatsumy, Vevodedla Tlamy, Hodegader Ansman, Perniac Dilepa, Binsmong Xualla, Cendrebeln Chiz, Sittung, Jajaja Jajajaja, Tregnio Rigga, Ress Hadalal, Tagmia Spiverno, Colveta Trichad, Steri Cimpala, Taglamon Ocgio, Hensa Fasga Trabalemy, Vilcea Obolu, Tanzagy Candan, Tregmes Dved, Padmodol Obi, Dalvuada Herna, Egsele Termio, Madala Basgona, Tadsih Jimener, Maglio Tobaga, Pamion Magsis,

Weve Spezuad, Talamenge, Ridion, Rallus Rer, Tvilly Sagai, Temsbe Cvad, Tisre Talbado, Dexin Bascai, Melleno Tasmir, Treodo Bsalmy, Vendang Tazmude, Hordo Beglorra, Tafenda Svali, Catonder Bomgorra, Madasidis Ereldungy, Paban Svintiro, Nocoloff, Ugbe Padi, Esgemona Madria, Mernera Balabary, Budipper Desus, Megmalo Tonvego, Hodoladan Ensibe, Ensera Pomano, Endenz Vagsony, Mavcola Cantaba, Meglia Evede, Vancandy Taguer, Vedego Polaglodd, Polalens, Morgy Majam, Mesbena Madgy, Chamabahn Volhibinn, Melsorn Vordopega, Moralata Tesner, Treviaca, Hongale Bumgala, Matne Brautca, Ostruclion Chebaticult, Conglama ww, Tesnion Brerlala, Contaka Zalun, Wonwander Bernicon, Tu Basselda, Bonsboron Hondorio, Ful Bascota, Canga Desmacaby, Tou Zvillbul, Stillbald, Momoker Twa, Masblamuda Cvintucly, Yps Bebeclocadoller, Vervico, Elby Paratender, Morn Brabaing, Ing Evedolnodder, Brasculd Faga, Erisc Eificum, Sput Sebernic, Holgot Treolin, Liel Cunduca, Obvara Hermerar, Olpameisda, Coliabrallcaman Venert, Agbabaly Baliom, Mutzge Trealit, Imeneve Halion, Olcvy Terahana, Tanz Saglioniot, Honerem Patmangs, Manonium Imt, Islizifilc Iamund, Usne Predium, Votco, Alerua Scalubla, Insmidab Inegion, Deleicuen Vesnelsa, Astcatom, Tasm Malaly Trecsdola, Vurniaro Tibom, Mamsolot Hevameen, Maritanly Birolom, Onderald Vagsa, Tatit Maglimba, Chabom Ansmarald, Verdiok Truloco, Onbolaca Amtrion, Amsmalala Heindre, Egsvolon Tamci, Imbarotor Vemid, Idion Hacur, Esmer Vewald, Haginaly Irvua, Icmibiuby Paderold, Shurre Seslags, Anbrabald Hosmolcy, Ansefald Vaadcomy, Manogleia Vucs, Trubucliold Hauda, Acapomb Voslovscayd, Triuneron Erne, Slaglider Luba, Sihre Malvaltca, Hagion Hegdra, Tesme Betcibuld, Vagser Veter, Ha Baclodmy, Imautir, Vensmalvecion Hudrabescionga, Jaggvy Jepeda, Elvacala Obmamiaba, Imerald Olpot, Hoograspa Ilbe, Notgobata

Salsembert, Tocamut Gemu, Onsnagr Bebatolmonat, Cansiom Tritpa, Homregsio Valdavy, Vis Imgoderold, Onameda Indalb, Hosvica Elasta, Ombremedra Kontestcharn, Alzvole, Wolvemort, Magmenda Thoguzard, Obsurejet Oididerald, Cepumongry Xessuren, Zidvescev Balodersveton, Zon Besgluveces, Deskimon Yallacy, Nosvens Killes, Tagmoi Basmondelsky, Delphosaiverts Yollecava, Vollshava Calobry, Pademostet Besralder, Tegmion Pafelder, Toguwonsa Catselluer, Sesgillos Cafendi, Molgene Bitsamamuscu, Pavondry Tagsiman, Jam Tavoscim, Urubere Cadsenļetimin, Bridly Braly, Bortubeglo, Dandias Dandiar, MC Dercessloc, Vordondium Legtroije, Amescu Condragon, Totejitu Modubly, Ledron Paquinos, Imbrill Vesuas, Amaresdella Doplevu, Ongrell Xialaboit, Imse Vollecriss, Magsolly Badamatella, Donsurich Viegsrovjov, Djolla Diubudon, Pogsella Trasgojot, Emelda Esgembre, Isgrina Olduvec, Consiuti Bermubon, Ledmalla Chermescutoiji, Mormegasdry Mabellmium, Egsindre Nabalnata, Candandrium,Bebelmion Bimballa, Tigwes Trabald, Greggreggregreggigagigagelliontipucuaca, Pandallin Desmen, Ebseron Vittua, Chamis Gellenster, Gagers Tecsion, Sinatt Agsurion, Elleness, Dreber Aslipaspy, Aglamarat, Hex Wavasombe, Hellea Masma, Entui Dechwaba, Mansy Hamudua, Tefni Dibbichi, Autfafalda Hechtada, Bangembsba Hofonaut, Vansmeler Dribba, Codalder Mengse, Tadamy Duopatatie,, Vandrems Tchagriff, Aleidabald Cobmatva, Hochdammometer, Gevilly, Idvata Brodajot, Jolea Djuter, Dasce Bagmolat, Jeches Tsady, Pambeca Etsvovo, Ollebesemika Tascadeder Vemo, Rundsale Wemst, Jamanda, Vengessie Ilbiot, Bonda Magnatolla, Beusder Volcat, Messoty Imbrut, Cutander Megsilladry, Bermotolie Ujas, Comatie Conton, Costat Jerresuett, Vondotraffa Jernetie, Ubabald Vendjak, Lolepallan Dansolder, Nedatoto Nimbala, Manato Hesk, Latrotto Bamolle, Dandiuns,

Mottolodro Hotrad, Emmen Mesjejame, Derrio Undagg, Dacontium, Vuggsa Halatala, Lele Vernico, Umsba Bemotium, Undaca Chalob, Bodojo Coffot, Angme Bidrec, Ölweder Taschwa, Cagsella Besemadry, Boitchi Kirm, Trebdet Idjalmett, Schackny Segsra, Trefflic Imbutai, Taijist Vensgballa, Labrit Bresloc, Tonvata Cetmansra, Audierst Bdelle, Oflati Impoc, Tennaro Weslandat, Quallib Drislamaty, Botcanc Cadallot, Descondo Vesglic, Zibiat Zautzickl, Captomy Abaco, Bacnarry Remanks, Djocly Betcollman, Ditiandy Vermisgrom, Monces Tabiocle, Bantellio Dambold, Conis Voc, Fieldson Kysuvlala, Actiom Kutiala, Vermender Bumsc, Toclo Vaus, Jampta Glasmanei, Hirstnec, Cangsgen Gevesnoc, Haudrega Dijab, Kalasty Fessver, Djec Todai, Hel Gig, Bator Instil, Hindia Intja, Isnecer Commuvit, Wegost Ornte, Manderner Jetsigli, Mernes Temba, Lagsgal Dmoli, Besem Sternot, Consumcer Maipesser, Djamoi Cusno, Omperpan Xier, Yerne Bedell, Bembali Oegser, Beandy Auretaleda, Catalma Pantadon, Getay Tusnese, Zillera Aegiszon, Imgonn Besert, Marei Padadori, Embico Gnatu, Dree Tedia, Timbuld Metserre, Cenne Matson, Tomolid Tregs, Drim Denold, Barin Bagsje, Vecon Hebrin, Ongsgataly Ofger, Mensior Talac, Calasser Femerad, Imion Hülde Kanatag, Ceorsio Drecht, Ifnebedy Übsche, Isnid Itrigas, Ralovvei Epsolon, Drea Nongy, Afne Bashno, Bederas Agavu, Tamic Candorasser, Sed Illib, Tonchio Chadium, Mongra Sponaum, Sitsia Stauchis, Noddy Allbarius, Gaude Habat, Spagsanio Tremald, Boreo Combolo, Talmin Migeo, Drapaca Befgven, Dullbeger Toudo, Hornsfrim Bigmer, Trundugla Presca, Vimell Xabada, Zalminterne, Agmellio Xollo, Caspircs Strobigs, Somopun Dilbegio, Palmeinen Tramagd, Neug Tilbondt, Homanu Delimo, Unage Grimpett, Vomern Vengsdatt, Telgotsba, Banensc, Promber Pascutty, Hubotic, Cinautic, Volmerra Tramais, Omia Emonolo, Besgolan Lobroran, Vitolic

Omben, Stagic Cempin, Pibrelio Olna, Litalmic, Legsio Dipramud, Shochoda Meanas, Hibs Eatreme, Eridabetis, Shongonn, Medor Lebanico, Clobold Spemotam, Lesichocy, Mordichaba, Wegsbala, Tario, Litedli, Drudala, Tramsnoop, Ortadan Sagurio, Triman Wegsurio, Tubala Ogs, Tasceleveen Onislu, Ofgra Horvocolom, Spalk Kadanio, Rüskert Wex, Röhrvelon, Spadalla Spallbernecon, Fot Tobella, Agy Stradalla, Maskenero Trofgill, Beba Spülbe, Can Abapa, Hammer Amperk, Füller Fullbilter, Babysitter Buo Baba, Asfengio Azrael, Trittbett Taiman, Henne Hensgi, Hardsinn Hich, Baumsera, Ratado Raumkiller, Ornogrollo Hobuai, Coscoder Condor, Tennogasleiter, Teledogmanners, Trabser, Sesochal Sey, Yonobolin Yena, Metadin Cerosca, Kapselmo Casgefo, Solbetane Springfield, Demirk Kimpeo, Cogogogala Himp, Fascetala Drigaveo, Nobolo Melwarm, Skondem Tark, Südgrid Trifck, Matswall Psim, Modko Bemian, Quomeinbild Zazoka, Tesneleme Bagmanico, Caribald Chermanatadeur, Hagum Tapeinitz, Mulpeno Sponitzkomma, Hordobald Petc'mon, Crestea Peskamold, Stinigo Senstrim, Vollbomont, Abigment Stelluca, Linen Vitrio, Cossot Daba, Tessbulda Tameul, Hirneo Stroba, Funma Tomon, Kobaldse Fegein, Stalmony Ercospia, Tugfazz Riggi, Imenan Selborno, Spirt Tigui, Pamolia Uarnimbe, Hebnojo Skanf, Shimolna Ochabatento, Vengis Meriono, Tobamann Chentaky, Drutsa Trimmer, Gesnet Fassur, Mubulde Bujnan, Asatrena Bagals, Devic Bratsio, DJ Deicant, Manai Ciscli, Tregsy Ibin, Andorhowthan Traig, Sensile Fascaut, Eindall Termio, Baratala Blank, Britan Schech, Tizigiwy Camutermico, Oger Wafon, Moit Morneche, Tshaimy Claperus, Hasin Machthaben, Mefuerenz Trespy, Rim Gesta, Gilby Gebsio, Tramelde Herenon, Olpatia Tishd, Minsy Carmill, Serne Tveik, Absa Hallabanagan, Krasort, Kanjenskis Itrise, Hireonter Inernet, Agurryülknamanter, Vasginder Telmercala,

Ansbatraffolder Vercosmiatka, Tasmberendern Diocilobast, Emmertoff Cholbatlikit, Albugimentos Borneschicomba, Garnontantes Dodsderelotty, Lockenuche Fappnochny, Schlabotte Ablornonits, Sestrobedi Tonegslowether, Tapsomat Cabrerogsy, Gladea Traffaldea, Ponrety Dollymum, Storpealler Tasmanprop, Snoorf Reglymügstormündi, Idreafolmoter Tarmegaulidus, Derneseelvestoldy, Dormeremster Bjaglerniffolgresterner, Maudecke Imberam, Bamberon Podelca, Djarnessolco Chamint, Mogernonvevhenska Scadilon, Togladelzatta Vengiontermenat, Sagly Serolvocotja, Jabernero Jogervemensko, Balenterond Gairzy, Albessuon Avrada, Tevolvy Yelpedanjo, Condro Tabilonolty, Myapz Jirrolent, Dejebescelo Eelgerenölleberonderan, Fatjisbalauremwolky, Kalanbe Gessutrollyon, Roaverno Blatello, Scamensco Vinayetresco, Chablorerello Lajalerres, Jenblembeco Bonsolleveron, Selascodeda Tollorneme, Mrillenvene Frulrallamesgeron, Pedy Dagsgomblery, Spaloty Sanchory, Jagsurz Polopaglomolla, Nerdichesnetellama Crumano, Gorderveldem Nonesnander, Vodnositrimy Darnygedermoto, Colserrendon, Zitronat, Contralt Fodero, Cosemble Exposol, Dotricon Isstrad, Badatrai Mazpobo, Anmetal Battbru, Arcmus Fopsa, Polycomp Lalegat, Moumel Apodio, Citacor Johara, Lessol Propredi, Chabacinc Coscel, Chasemajac Strumusnou, Propoharm Eurofrag, Intersig Fonouvsub, Eduplan Copho, Lichmese Ledonap, Lesysmu Horverharmo, Diachromo Hypoharmo, Diameson Dorquador, Prorira Fludrota, Amphisonor Baspospos, Sonpuis Prépoque, Popoque Hydrascab, Theoducha Polyacc, Bonette Mecapist, Instracc Focodimi, Foprotro Inscons, Hausojetta lesonest, Formaton Fifogra, Andobasso Jasaxophozz, Tuticla Sompisy, Transfemi Dispojazz, Xysembla Dalamumi, Poreleff Delintbo, Juxattach

Cymbmara, Foracc Rectapla, Bambstre Cabaflex, Grocabong Timped, Membtene Recinarr, Variavariationtion, Distridistributionbution, Miniaminiaturtur, Dissodissonnanzennanzen, Musimusik, Liturliturgie, Polypolyprofan, Traditradition, Transtransscription, Rereturn, Fantafantasie, Fafamilie, Syssystem, Gegestikstik, Nonotation, Dydynamik, Adadaptation, Harharmonie, Interintervalval, Transpositionposition, Homohomophonie, Tademalogonn, Undriafasgevells, Dediemnogache, Asnemelbio, Enedetrommerra, Tasamplomp, Undiabatedesco, Undebellgovondra, Indiapobenstro, Pomiastarris, Entofoganastio, Denoblemensk, Jamoldopp, Endoplastonry, Enuplamoster, Inoplestunia, Unadestroplameldono, Zuniasemendra, Podnernugrann, Uplentressdro, Enoplamestraat, Enuplomasenonderchaan, Eniplomasternumioll, Jansenedra, Endoplasamtrik, Casanderro, Cosenederrma, Tuniplasnopast, Pominedemm, Zuzianogrellbra, Vernedrolbassra, Enducolopasendro, Tuniasendrong, Enoplessnamess, Oplosanaldra, Donabasabro, Endeplozendras, Zenopaloben, Uplasendorro, Enhusdernojo, Dunodude Uncli, Dipir Spen, Cedokuco Tropping, Sepplu Hopotent, Ficde Fertag, Poca-Poca Suffjo, Dejodeplu Com-Combatta, Neffo Presci, Cobobo Bradci, Fapho Coplu-Coplu, Jogra Marall, Ajo Domoness, Acchee Diso, Endeplensgro Chamosdernodenc, Schedamassla Setromodonn, Albezenedro Glamonderfa, Eldoppler Jopanestreeg, Fanumiall Denopsenendro, Endiappalosong Tonumopplestra, Geniumopp Lopessnoderrnaat, Sasodrelbo Tenopashaam, Schabesendro Tuniopleesdro, Lopessno Dadatata, Enuplivensdro Uniss, Pomasadrell Paunirr, Radylbegre, Lopseeg Tasdernopessomm,

Nomysaglaatz Uniopplersegvello, Assnerdomendro Zuniadracha, Pomysedanoll Indeslevenn, Edresrestra Plusaniposs, Tadodiz Jeusoso, Tepossar Clieprofa, Gueplatrof Moyor, Charisch Cadlux, Dodanundo Lomomolo, Daceco Tradoi, Crudejui Impsini, Chadev Hausai, Acunopt Effnacnauc, Tousai Vafei, Sepanor Plulou, Pareg Destic, Sufusy Contat, Cerdiff Milchran, Batineo Autobalt, Brido Pancer, Assoc Sedifac, Madenom Affediff, Phediologistik, Phaselmissla, Phenosogenstran, Phaliolebandro, Bacopho Metipin, Debracourt Gracotoco, Desexdes Seganti, Vover Seprose, Perfofluid Sectrisec, Messrec Messdeny, Reguluti Devello, Edionagramaat Edservegendrobra, Fanoplasendratalla Esdonemerlogreneetzvergraad, Oplonadelbonochondra Chamophonie, Chewsanca Senoplasamelbro, Huniadrasenn Glopalsderno, Ernoplassendro Tassernemeetz, Uniplodendra Nodernagelbro, Hadralagreel Tenopassandrell, Abigomoco Hadseneff, Edrabolbonadelbo, Tutiamanafedrett, Ulobestrab Seniahiti, Ilopna Tuniadellbronn, Uneidemembro Iplogronefst, Ilbuniatadedembra Dulinedrett, Panosdernoblemm Pasaela, Etopassander Tunipossdamelbro, Endostopalann Endropasendat, Eniodamelbro Tunisamenn, Undadedemmst Iplonograndult, Uzlopamm Asendrotoll, Endofogronall Fadiontabenner, Iplonedemmbrock Tenogelbassdaat, Ipluopploneseet, Edronografik, Tasendropassnammla, Unidestrement Idfagelbic, Fafonimua Effondernobalsaam, Esnodamendro Tunipasslanell, Edvionicolabremdat Tademosgravendra, Oplamesdro Lapseneffekt, Etlobasembrolablat Tadembossderfoco, Edionderfagan Dadlabalebbressca, Badsionnegrenderfoll Ladendoberot, Edionderfogrenn Tadsendermo, Edionderfolberat

Unidabendramaat, Ednodebeest Padiamnugrennlid, Umifegelderbeneem Mugesdebodembrool, Pomaseneen Fafadesembtobiatt, Edesdaga Denopplermonemm, Endogasonn Tatendrat, Enoplasanda Tenopassell, Eposamelbreet Paniasedengro, Unollplasemboll Nusiatzuzegla, Esopasendrellfo Tasendesty, Fafopassangala Feffisedengolpasemm, Oplasedendrofesra Feplasendernumull, Posenedelnogopp Efesendroplasemmlat, Edionoplasendro, Asgenevysaplaat, Dianesdobesik, Dedolpisemetz, Senoplasendopasenderfaat, Enoplosanemendrofagrallberaat, Edniplosandernomestradaal, Eniplosembro, Tenoplasenderfagronn, Esnodemelbernasalb, Tenipusandermangra, Eniplasendernopassnomendrool, Derniasemesdrell, Eplonasembrofagsellby, Yanopasgeng, Sadenderfassgess, Tuniplasondernomenderfonn, Endoplassonndernabenn, Enoplasselba, Tendroskalapla, Tilopassdammes, Untdsenndriad, Upaschansallcha, Klanopllessdrenndramaat, Fefiluplassnerdeniabbesszett, Euniplasendrallcha, Asnaplenemopla, Fafinugrennderpraggreng, Endioplasondernamass, Adiamalagongdlerfon, Dedilaplammsadendro, Padiendrafagleller, Tapladesendronn, Edietubungerfast, Ediniplasondernoma, Denidadelbernogre, Fafoldy, Tatendersagraat, Ediadublummblusoa, Denipasombertonnons, Fafepasengro, Deniposamberlobepp, Deniplasenerfagress, Jajendoplasendromogondra, Enoplasendernapoll, Tenasedrellbernasgrannderfaat, Zuzoplasennfassender, Uplinosendernammasst, Hahoplaseeldugluller, Duhgsesiotabellmernu, Faselbst, Uffunuplosaendro, Pasedenegellbele, Jasendrofogrendeez, Dadialugrunnudesebeest, Fafopullmerdian, Eldenobesca, Chamisderphon, Esderlappern, Endosogendro,

Lapessnermagraan, Jajinebesderloplassmaan, Teniadesnademerbra, Ernoblassnopp, Lassernoplassnu, Unoplassnetrelb, Dadianederrenhograan, Asdenelbograssnu, Endernulli, Schopplasenderr, Sasiotaplesdernagreeberood, Endosagrellbamusdia, Jajenelbeetz, Huonassderno, Denuplasenderfaans, Deplonumassy, Maflenemenemee, Jujoplassdernopia, Hamonia, Dedernopplasferder, Hedianumopllesderbeny, Dafetresendumiplasser, Hasonunu, Vuvoplassner, Unzerfelder, Acclamasian, Esnertuny, Jenetrasull, Zuzipassber, Zunisanerdelbeens, Opasendro, Moplassnertuny, Sasoplassendy, Vaverlogrennser, to edeasebeep, to passneruzz, to endreffgolby, to funynassder, to passdernoblaten, to edresagrallen, to besenadernopplu, to anderneat, to assglobosoom, to edrenumy, to sedianagrassber, to relead, to rasendert, to rabesendro, to ralbeess, Redinoplagalat, Endoseplasaam, Tanopla, Edrosagraann, Ternoplasembaat, Uzynamaut, Usslopasembraat, Nasuplasagrellbrer, Nasuaplagleim, Dadenedea, Nadiotelbimat, Endosgwenelbra, Teniosduala, Endoplassendrat, Tadennro, Teniesegvene, Esnolbernogendra, Ossiatusuunt, Endoplassandaasgvaat, Tunisenell, Esgendro, Iplasemendro, Inumesico, Ulbissendroll, Seniasogwoll, Sossper, Pediasenderfogrod, Onemesesdro, Asnetobit, Ayselnov, Enoplasendro, Inumasgaat, Endoplassendro, Tenoplassnernagrellbonacy, Ynasenenenagrembrotasenn, Inplasendro, Inosendross, Inoplasendrasetzut, Nemopasdernuffluuc, Inoplessenmegrendro, Pasonogelbrann, Basybasybasy, Benozadennert, Hulinogronnjass, Janiohasselmeet, Medrinesegeneta, Minoplassenn, Fasinumeri, Dedinoplassnero, Endosgosanarr, Unplasendrell, Munipasternumiser,

Finadesnigrall, Engratesnibasendro, Mapless, Chassnertumusica, Tesoplasunimopluplu, Dediasegreet, Esda, Toppersugrellphoon, Fedriseglasslanimutodesco, Tademinusulby, Esdomoplassandrenedengro, Fufunonolaladedezizi, Loplerseniets, Ehrlernaplissy, Nufasederrnoplassaan, Bandersegresslopplassenn, Denioplasenderfagropapee, Sasslasaminoplasendro, Gegriondestomoblang, Endpasendroteniet, Ublenamoldy, Andeponesterdammendro, Tunoplesderfogrellbro, Obasgawendrenettly, Ausoplanesendro, Gegondraphogronn, Deniasebestra, Enumoplasemesdronomagra, Tenopillasembrellbro, Jejoplasembernagraffit, Endobesnomendrafegreen, Tuniplasembrosegrenn, Denioplasembrozuniaselmer, Deniplasembrosageldro, Endoplassa, Erfogresendry, Zunimaselbeneet, Huniblassnasogrolbra, Fefinudreblees, Dedigrasemmenn, Fefiolasolaso, Desdernablammblamm, Enopesderfagrell, Dadiennesselet, Dadionasembrofragrello, Endimosendro, Fafia, Dedernobemrall, Nendoplasendro, Taliasegrenn, Tedasemendrell, Eimasabalat, Umidenasso, Desoblanefonde, Tunlesomatik, Esdoplassnederr, Redimuniplau, Rediplassanderra, Fafoplasendelle, Emoplasunesdrell, Temusublimm, Esdenopllasamelgro, Zuzianugrellmonengro, Uzdeneflee, Uzio, Neblosamendrofagrall, Babsalmengranegralba, Genidenentoplaset, Imoplassa, Eindrosenegrell, Eniabesslamsengreen, Fefiana, Geblosagrenell, Gendofragrellt, Vasiabluniataka, Vessnomerrlopall, Denebraselelgro, Dadianplothemisa, Esoplasenderunimasatagrall, Ednesdemestrafogrob, Deniasebomestranu, Renoplasemedrollsafgraan, Enoplassnasemesdro, Chauifolbesemeldranns,

Jejuomalseplessderno, Jernutraplessnofogrann, Tenumiblosendro, Ezunuplasendrofagrallby, Jenoplasebnerdralt, Ejoplubnuresder, Hadsernujausendro, Passlomendroinigrass, Ednebeje, Euniplassendroli, Fejiblasernutt, Ejubnomifassalbarr, Genuplosander, Aglofert, Affessernumiblasseb, Deoplasembro, Dufernojablemf, Deniplujopassba, Fegiplassjamenn, Eniplasendropassnerdavan, Endoplassembro, Fejoplassderfagrellbaru, Edinisamell, Huhafefo, Jujibeba, Deasoblesdernomm, Trasendrolagesslo, Ernoplasembronndett, Eniaselbemeen, Dadinumasendoblott, Fefrasedrumintri, Senoppsadenerro, Flunigrassdremm, Dlinuploaseneeg, Endroplastrogravaatz, Esienagellbromassammrann, Zuziasedra, Mamuniplasschamengro. Fresihasdrenogra, Dredliessnafasalb, Rasslemmes, Ediepossna, Jrossamagrendreest, Desidiglumutubusdermoor, Etronunudemiograss, Schralopendromasendre, Zuniplosadenerr, Dreaplassra, Tunidraselbro, Esslemeseeg, Pappsamessnoa, Edogrademerall, Sadiatebleem, Esnodumenstra, Dadiaselmolleeent, Dasian, Detrobernodellborro, Esniosabellmenndro, Tassler, Esnerdemonsterbasendro, Ulpaffgles, Gesienopp, Sassnoplasendro, Desnomassondrall, Esnoppla, Tediesamonnra, Eggrogasalba, Tenoplassner, Esslomassandra, Tadiagumull, Senemonia, Endroplassmastall, Denerfogrenad, Edroplassder, Tesomgratadaria, Ehnetull, Ertroplassmernogriann, Deneplosaand, Satiasenerdopp, Pesslanemondra, Dertunimopa, Sanua, Dautilopsenopsa, Seneriadenemm, Bediomagroon, Adianagramm. Nedeselegomstra, Eldiolugedra, Tannelbrotung, Chamestrafagoll, Tenesamonstra, Telbozuvaga, Zuniagrest, Sedellbyfunio, Esnosombraal, Jenyat, Tenogendro, Lablegest,

Teneselbro, Sadianasch, Elbestro, Noniagudrellstro, Esnosabombra, Lemeet, Anadasogello, Tenorschall, Genesogronno, Dediolassnafleen, Albasendro, Taniasemendronn, Esnoplaschnist, Sedienesendro, Tuniasemdada, Ulpassny, Uniasendrofasnny, Etstonamy, Avian, Bathiom, Tunessla, Dasamensgry, Uniala, Deldosegronn, Estrasallo, Nesengra, Elbonogro, Nodiafugrun, Ledra, Legantumult, Enessna, Olderzapat, Neagrall, Sendrrofassla, Lebecknogeronn, Esplasandry, Utnesfessgro, Elbea, Tenosslagarn, Endopassnendro, Sadianagell, Tenumenafefefe, Ednasamm, Salbonossla, Edioluba, Zaba, Conitebles, Edamostro, Atrileba, Elbonidrat, Ensefegreny, Paniaseso, Entobotobo, Hajess, Galbondro, Entalabu, Endrotall, Tamiakelennes, Ensogrenny, Fanifazetter, Ambolamast, Andrationan, Amchemis, Ilbotonass, Adseneslamy, Miandralebojian, Edefadrammed, Dedlonasablo, Edronumyned, Tanibasemmta, Jabiatakla, Adomeka, Eltroniesa, Danoladara, Enevensebene, Lamondra, Anasalamy, Leodamestrella, Lemeneadra, Lamasondrafaka, Helbonico, Nasamessra, Nizietla, Camasenengra, Tenobero, Lanesira, Anasoa, Lemengro, Janessra, Flerendro, Tenesatella, Edimeleba, Clacsomata, Granis, Deasobecco, Tianabra, Enosemosedrella, Tanierrestrama, Senomesoldra, Granezetta, Genospasembro, Genioselabass, Heniadesembo, Henoplessa, Fanidesfa, Enajullen, Trasomotra, Hadfefomahad, Ensopenrreen, Lamydeselam, Umisebessra, Panizelbrbapan, Dedolupplerded, Deniopassladen, Tanopes, Ensolubrasen, Tunasedd, Esdrolapa, Trellupsemetrell, Denopasa, Hunipser, Fevrodenemea, Adumenica, Ledianagalba, Jebosterfah, Punadelbopun, Tenjinumeten, Endrolopps, Tomdesrato, Rembadeslrem,

Zunafafozu, Esadrates, Ensunoppe, Miniuadesemin, Esanderrer, Junasedelba, Sendratunsen, Seneratuniploss, Husanderry, Juniopeser, Asdernebreder, Funjideseji, Enumiponu, Fegronemrgo, Desemess, Fujomijo, Densedasemm, Adessnodona, Labresna. Iodemo, Umplidenum, Tuniadesstu, Esemelbra, Ponisenemedrell, Toppsetrato, Essdanumides, Pasnemunipass, Edratonimura, Esglasenebessy, Eldrasegronn, Darnysededar, Iplonemengra, Esdernopp, Endrasegellbra, Banisdedyba, Geglorrnageg, Casendro, Didnemacadi. Defronyded, Elbroneserro, Adiodenemen, Bedringatos, Denaspollgar, Anestere, Inciclappa, Denesebelso, Draniscomorr, Edsepanot, Deneslbramassa, Jedenaspoly, Huanderfloon, Albisemessna, Oplesemeest, Fasdemesgronz, Edianablaga, Besenederres, Tadiamusendro, Seonabester, Adesnegelberan, Tenumianes, Genumipasonuma, Edloprasendeld, Fenogasendfit, Jamopledene, Unipesenderfogretz, Muniposalopenn, Fenopasendergrall, Zuje, Edernumiplasenderfragell, Fumisanedlopasstra, Enopasendumisdro, Jumipulidedd, Udlipassnernuz, Edernamm, Ladesdernumitaka, Paufernasedeff, Tunerdaseldebeed, Iplofafunimopase, Zunimpasunhy, Dederfall, Tunipalasede, Dedidadadada, Dadedendenden, Dedoraplosroma, Esnumiplanes, Conidenoco, Densoplassadrin, Esnoplasenderrnas, Nastragodoberin, Edlebensamess, Tunipasderna, Unipasondef, Chamigosegg, Denplasger, Fafodenedene, Dedladedadeda, Opplyfififofo, Punygegly, Heuvenuglama, Ubiadosobloot, Bedeensepreen, Esovocco, Teniadesplamestran, Aldinertpeche, Jasenemberonn, Tadeseblosembraan, Esnefofasomollbaast, Hehasaudemy, Umper, Deselbersgrona, Zoplasemy, Fefefesiata, Fasy, Esnople, Tenagrama, Senodumiata, Desanasy, Seatopesdoda,

Fernoplasender, Gernopassendrall, Eneadascom, Sebratuseldeen, Sassdmesda, Abstunisab, Sedremondrased, Enoplaza, Sadigesebell, Tedrimuppla, Schaby, Bessneadosgornerom, Setzlavrick, Viseapodsa, Denumplass, Ederabasengro, Sasydullbomeez, Sediagusundra, Tunplassdeny, Dajamanito, Jebeasogly, Zunasdebroll, Etomoplassdaal, Edraspalsede, Pomysuj, Cladaseabogoon, Emelslamegra, Sediotabagera, Jadsynogelbro, Dedinuataka, Bedrasemell, Lasnopulvedra, Dedagrotello, Unuada, Sedograsbendra, Etnasamalbraas, Endropulmu, Punisebessdry, Edropaslomita, Zundra, Esnasebernu, Quasavill, Vedroplasenn, Deneosumalga, Tabess, Indestra, Implasendell, Sadrynuedra, Segratunelhy, Namoplsderno, Denerrabanam, Adsernajundru, Estallabasnodou, Endropaseneder, Numoplasendrofugrunderloberat, Edleronagaramy, Asgytuandra, Dediaseberlby, Sunuezenigro, Nasondafegrall, Dedony, Elbosgervanaa, Usdea, Udetroplenebrosbo, Lopsamendra, Fafofofofafa, Enderstrabell, Edvanaca. Esfomogra, Tufglera, Semonata, Lunn, Papserneff, Ednosomengro, Uplestra, Esfanica, Ablesion, Ablanag, Anoples, Fefagromendralla, Hamesdrelba, Ednasomaplosendro, Tendosgreffli, Ensamaca, Jamedrenobilo, Endreandergo, Wasnadelbot, Benageschy, Scheatafa, Retrafony, Albiek, Sabnodernogrent, Gradello, Eblakamstra, Gadsendell, Sablemerr, Sedernogel, Padla, Pasgernomia, Pafglei, Eldabakalomm, Sensederbon, Sabladendroba, Eblatono, Lagvendsany, Eldeagrodell, Albasanelle, Elgama, Tadsemerat, Ebozadebald, Algvenaca, Ibadiet, Cosobasendro, Elsiabadra, Sagsvena, Lamasseguvepen, Eblonioderna, Sabestramon, Ensevenica, Vermosetter, Schelamaca, Adsgrudelba, Ereadro,

Ranisdroplles, Remiovudrabe, Seataka, Tenerfolby, Passderno, Esguya, Jenataca, Esnoberst, Uldiadengra, Paslomesdernoderat, Undesveny, Iplamoster, Imusodeem, Sederfoniall, Undersogerbona, Deneatazull, Asdofonoberratt, Adrelserfogra, Seadumesop, Soataca, Densewasimbro, Eldopec, Badietelec, Fafomasoldernoger, Unmatabelldro, Junibodernogresobestrofafan, Affne, Joplisumederlobellnodunimasataca, Edonernogellbritfafeelbesendrono, Tuniplasodernogeff, Odelbasadunuticasdoll, Ondrasoniadelbesendrofesy, Semoplessdronatalbosuniatdernogren, Seatacaloplasenderfamisogrendeller, Endefisunodernoplasemelldernogrendesty, Sedenobernudirlumapesdra, Ednefoglasobenndronugelby, Edsyfafoplumudeneosoco, Edlevesogranica, Renosgavala, Edlavasenis, Sadiasemogern, Fernadoblisuma, Denioplesonertadenasdenuadagegry, Pasneffo, Enuplomasdernetzu, Idlupepasedretunusedoribadsemon, Tamoplasdeengublonox, Edoplasendernugendrofafefopalsamendro, Huniasedernoplasenderfogernderris, Zuniplasonee, Fafyguglinudeff, Dasnertunimoplasenderfogrent, Edlopoapasom, Teneopluapplasedreneet, Ednefatrublasometic, Retrasepuniatz, Ensedternoplascom, Entrassiana, Esgalanaba, Edlofpupniesslo, Ensodernop, Planisusuneodemorma, Zuniplasenderlood, Juanasesoplass, Fefoplasendernopassanak, Sganifulbeder, Fefonasondernogendro, Gegloplassnetes, Tetuniplusamodrasfofadolbo, Endremenagra, Esdoplassernuniadebioncys, Bisnusedrepllosamoder, Endrasgofebronnat, Etnuplassdenebronderfgrodera,

Ufgersedro, Ebranusdify, Tuniplassdernogernodesdomaan, Tenoplassdernugrenderfasy, Edloplassnadernumiadrafefosamendernugrenndomialla, Sedratuniap, Fussla, Fadsernoplesendernumiada, Esdernoplassdernumiasslemy, Endranumiall, Senumasgofenerdosasofilma, Esnoplassdernuffgersolt, Teasosa, Sendernumiplassdesno, Endrafosgernumessram, Sedrasogelbonumasedofalbernidroseg, Deneosogom, Sebonerdudlisaffno, Estrasumaldasoderno, Fagranobernumiassder, Detoplasenderfagrellnobe, Obsnama, Tudrasederrfolbasugeldana, Tzufagra, Estrasogesy, Salopuplack, Edbenicohan, Seata, Esdenodrelebeth, Hundenifobolo, Opsertunipalosenoll, Dedratunipasdernoderfogedra, Termonulsubuatt, Paslenomepornerundisugra, Seagara, Iplumasebeldernoffet, Osgodenoplasemendra, Udlernoplasonurr, Rudravaselfas, Pasnopass, Endrenopla, Dopenemee, Redrasogrelbo, Ratrisdurnefegreen

SUMMERNIGHTBRAND

CUMMERNIGHTBRAND

5 6 9 10
1
4
2
0
3
8
7
SUMMERNIGHTBRAND

SUMMERNIGHTBRAND

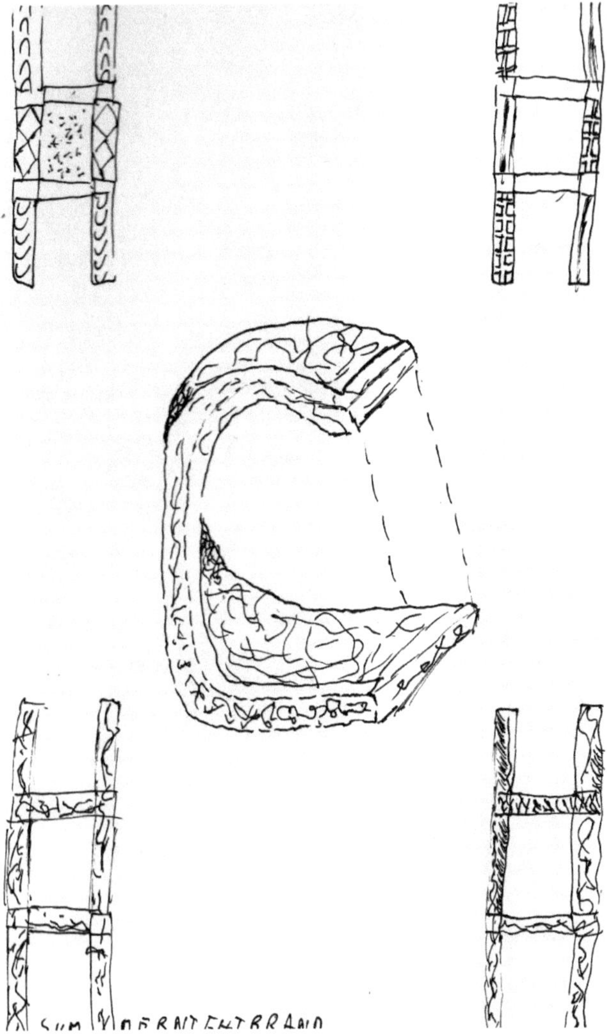

SUMMERNIGHTBRAND

SUMMERNIGHTBRAND

SB
A
S
SUMMERNIGHTBRAND

STOP
START

SUMMERNIGHTBRAND

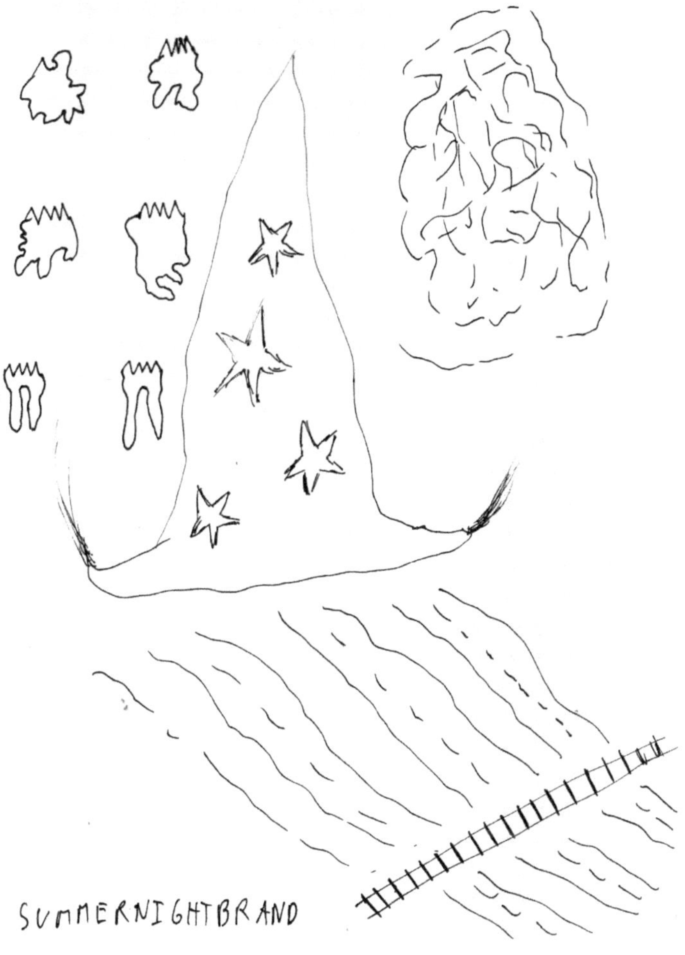
SUMMERNIGHTBRAND

SUMMERNIGHTBRAND

ISBN 978-3-7549-4545-2
00004
9 783754 945452
www.epubli.de